C.H.BECK WISSEN

in der Beck'schen Reihe

Der vorliegende Band bietet einen Überblick über die Geschichte Portugals vom Spätmittelalter bis zur Gegenwart.

Der erste Teil reicht von der Entstehung Portugals über die Begründung seines Weltreiches bis zur Flucht der königlichen Familie nach Brasilien.

Im zweiten Teil gilt der eigentliche Schwerpunkt der Darstellung der innenpolitischen Entwicklung des Landes und dessen Strukturproblemen, die den Hintergrund für die „Nelkenrevolution" von 1974 bildeten, sowie der Demokratisierung und Europäisierung des Landes.

Walther L. Bernecker ist seit 1992 Professor für Auslandswissenschaft an der Universität Erlangen-Nürnberg.

Horst Pietschmann ist seit 1988 Professor für Geschichte Lateinamerikas an der Universität Hamburg.

Walther L. Bernecker
Horst Pietschmann

GESCHICHTE PORTUGALS

†28.2.03

Vom Spätmittelalter
bis zur Gegenwart

Verlag C. H. Beck

Mit 1 Abbildung und 1 Karte

Umschlaginnenseite vorne: Abbildung: Anuário Estatístico de Portugal 1995, 28
Umschlaginnenseite hinten: Karte: Dietrich Briesemeister/ Axel Schönberger (Hrsg.), Portugal heute. Politik. Wirtschaft. Kultur. Vervuert Verlag, Frankfurt a. Main 1977, S. 115

Die Deutsche Bibliothek – CIP-Einheitsaufnahme

Bernecker Walther L.:
Geschichte Portugals : vom Spätmittelalter bis zur Gegenwart / Walther L. Bernecker. / Horst Pietschmann – Orig.-Ausg. – München : Beck, 2001
(C.H. Beck Wissen in der Beck'schen Reihe ; 2156)
ISBN 3 406 44756 2

Originalausgabe
ISBN 3 406 44756 2

Umschlagentwurf von Uwe Göbel, München

Gesamtherstellung: Druckerei C. H. Beck, Nördlingen
Printed in Germany

www.beck.de

Inhalt

Vorwort

Bis heute liegt in deutscher Sprache keine Gesamtdarstellung der Geschichte Portugals vor. Das kleine Land im äußersten Südwesten Europas blieb (aus mitteleuropäischer Perspektive) lange Zeit marginalisiert, nach seiner großen welthistorischen Phase zu Beginn der Neuzeit wurde es kaum mehr von den bedeutenden historischen Strömungen der neueren Zeit betroffen. Gegen Ende des 19. Jahrhunderts verlor auch das gebildete Deutschland langsam das Interesse an Portugal. Seit der „Nelkenrevolution" (1974), dem Übergang des Landes in die Demokratie und dem Beitritt zu den Europäischen Gemeinschaften im Jahr 1986 ist allerdings das Interesse an Portugal wieder deutlich gestiegen.

Der vorliegende Band zur Geschichte Portugals seit dem ausgehenden Mittelalter bis in die unmittelbare Gegenwart arbeitet die allgemeinen Entwicklungslinien heraus und hebt die spezifischen Strukturmerkmale hervor. Die Knappheit des zur Verfügung stehenden Raumes hat dazu gezwungen, eine komprimierte Überblicksdarstellung vorzulegen, bei der es nur um die Grundzüge, um das Besondere in Vergangenheit und Gegenwart gehen kann; auf viele Detailaspekte mußte zwangsläufig verzichtet werden.

Die Darstellung ist chronologisch angeordnet; innerhalb der einzelnen Abschnitte wird allerdings problemorientiert-strukturell vorgegangen. Wo möglich und nötig, wird auf die gemeineuropäische Geschichte verwiesen; damit wird deutlich gemacht, daß in vielen Phasen die portugiesische Geschichte nur im Kontext der europäischen verständlich wird.

Von den folgenden zehn Kapiteln beziehen sich die ersten fünf auf die Zeitspanne von der Gründung der Monarchie im Mittelalter bis zur Krise des Ancien régime zu Beginn des 19. Jahrhunderts; die zweiten fünf befassen sich mit der neueren Geschichte des Landes im 19. und 20. Jahrhundert, der somit anteilmäßig mehr Raum als der Frühen Neuzeit eingeräumt wird. Aus dieser Schwerpunktverteilung ergibt sich für den ersten Teil eine komprimiertere Darstellungsform. Die Geschichte des portugiesischen Kolonialreiches in Amerika, Afrika und Asien wurde immer dann einbezogen, wenn sie für das Verständnis der Entwicklung Portugals erforderlich war.

Verfasser des ersten Teils (Kap. 1–5) ist Horst Pietschmann, Verfasser des zweiten Teils (Kap. 6–10) Walther L. Bernecker.

1. Ursprünge und Entwicklung Portugals im Mittelalter

Portugal ist wohl das älteste europäische Staatswesen, das seit dem Mittelalter keine nennenswerten territorialen Veränderungen erlebt hat. Dank seiner geographischen Lage hatte es sich lediglich über längere Zeit seines mächtigen Nachbarn Kastilien, später Spanien, zu erwehren. Dieser Nachbar versuchte mehrfach, sich die ehemals römische Provinz Lusitanien einzuverleiben, die unter besonderen Umständen im Mittelalter zu einem eigenen Königreich aufgestiegen war. Portugals Festlandterritorium bildet ein Rechteck von etwa 540 km Länge und 200 km mittlerer Breite. Nach Osten und Norden, zu den ehemaligen spanischen Königreichen Kastilien und Galicien, begrenzen Gebirgszüge und tief eingeschnittene Flußtäler das genannte Rechteck, Grenzgebiete, die von alters her dünn besiedelt waren. Klimatisch ist das Land in eine nördliche, atlantisch geprägte Zone mit häufigen Niederschlägen und eine südliche Hälfte mit mediterranem Klima gegliedert. Beide Zonen weisen die für sie jeweils charakteristische Vegetation mit den dazugehörigen typischen landwirtschaftlichen Erzeugnissen auf. Diese natürlichen Gegebenheiten haben die Geschichte des Landes nachhaltig beeinflußt und dazu geführt, daß Portugal schon aufgrund seiner Geographie stets stärker dem Ozean zugewandt war als dem kontinentalen Hinterland mit seinen eher unwirtlichen Grenzregionen zu Spanien.

Die seit der Mitte des 8. Jahrhunderts einsetzende, von den kantabrischen Gebirgsregionen ausgehende christliche Reconquista erreichte bereits im späteren 9. Jahrhundert Portugal. Im Jahre 868 eroberte König Alfons III. die an der Mündung des Duero/Douro gelegene Stadt Portucale, die dem Land den Namen geben sollte und heute als Oporto (Porto) die zweitgrößte Stadt des Landes und Hauptstadt des „atlantischen“, nördlichen Portugal bildet. Alfons III. verlagerte die Hauptstadt des asturischen, christlichen Reiches in das südlich des kantabrischen Gebirgsmassivs gelegene León, förderte die Wiederbesiedlung des rechten, nördlichen Ufers des Duero/Douro und begünstigte entscheidend den Kult um den Apostel Jakobus im galicischen Santiago de Compostela.

Das rückeroberte Portugal entwickelte sich zu einer eigenen Grafschaft, deren Grafenfamilie mit der König Alfons' III. verschwägert war. Mit den südlich des Duero/Douro in jenen Jahrzehnten entstandenen Grafschaften Kastilien und Portugal wird bereits die politische Gliederung der Mitte und des Westens der Iberischen Halbinsel im weiteren Verlauf der Reconquista erkennbar. Diese Grafschaften bildeten die eigentlichen Grenzregionen zu den islamischen Herrschaftsgebieten, und jeder weitere Vorstoß nach Süden, der durch erfolgreiche christliche Wiederbesiedlung gesichert werden konnte, mußte so zur Vergrößerung des Herrschaftsgebietes beider Grafschaften führen. Die die spanische Hochebene im Westen begrenzenden Gebirgszüge sollten künftig zumindest grob die Scheidelinie zwischen den Einflußbereichen und den Expansionsgebieten der beiden Grafschaften darstellen, so daß schon im frühen Mittelalter die Grenzen des römischen Lusitanien annähernd wieder zur Geltung kamen und erkennbar wird, daß diese weit zurückreichenden Gegebenheiten folgten. Während des 10. und 11. Jahrhunderts spielten beide Gebiete wiederholt eine wichtige Rolle in den dynastischen Konflikten des Königreiches León, das zunehmend Probleme hatte, beide Grafschaften unter seiner Botmäßigkeit zu halten.

Bereits 1086/87 hatte sich Raymond, Graf von Armous, der vierte Sohn Wilhelms I. von Burgund, nach Portugal begeben, wo er schließlich die Tochter und Erbin des leonesischen „Kaisers" Alfons VI., Urraca, heiratete. König Alfons hatte versucht, durch Annahme des Kaisertitels seine Vorherrschaft in Portugal und Kastilien zu sichern, die beide zunehmend eigenständiger und mächtiger geworden waren. Graf Raymond, der 1093 die Herrschaft in Galicien übertragen bekommen hatte, unternahm von dort aus Feldzüge gegen die Mauren, was ihm wohl auch die damals das Gebiet zwischen den Flüssen Minho und Mondego umfassende Grafschaft Portugal eintrug. Es gelang ihm sogar, in Lissabon einzuziehen, nachdem der muslimische König von Badajoz, zu dem Lissabon gehörte, sich gegen das Versprechen christlicher Militärhilfe gegen die Invasion der Almoraviden aus Nordafrika König Alfons unterworfen hatte. Graf Heinrich, ein Cousin Raymonds, ebenfalls ein nachgeborener Sohn und naher Verwandter der burgundischen Herzöge, wurde zur Hochzeit mit König Alfons' illegitimer Lieblingstochter veranlaßt und erhielt im Gegenzug Portugal übertragen. Er empfing das gesamte Gebiet südlich des Minho als erbliches Lehen. Heinrich von Burgund und Graf von Portugal scheint häufig am imperialen Hof seines Schwiegervaters anwesend gewesen zu sein und dessen kaiserliche Urkunden bestätigt zu haben.

Nachdem Heinrich 1112 gestorben war, führte seine Witwe die Politik ihres verstorbenen Gatten mit einigem Erfolg weiter, begünstigt durch das Interregnum in León-Kastilien, das erst 1126 mit der Thronbesteigung Alfons VII. endete. Dieser konnte schon 1127 in einem Feldzug gegen den jungen Afonso Henriques, den Sohn Graf Heinrichs und seiner Gattin Theresia, siegen und Portugal seiner Oberherrschaft unterstellen.

Afonso Henriques befand sich in der Folgezeit fast ununterbrochen in Konflikt mit seinem Cousin Alfons VII., der sich 1135 feierlich auf einer Reichsversammlung in León zum Kaiser proklamiert hatte. Damit war für Afonso Henriques der Weg zum Königtum frei. 1137 einigte er sich mit Alfons VII. vorübergehend und scheint kurz nach einem Sieg gegen die Muslime im Jahre 1139 den Königstitel angenommen zu haben. Nach einem erneuten Konflikt mit Alfons vermittelte ein päpstlicher Legat ein Friedensabkommen zwischen beiden, in dem Afonso Henriques der Königstitel zugestanden wurde. Dies bedeutete freilich noch nicht die Unabhängigkeit Portugals, da die Zugehörigkeit zum leonesischen Kaisertum bestehenblieb. Da das Papsttum aber bestrebt war, die Iberische Halbinsel politisch geeint zu sehen, unterstützte es fortan Alfons VII. und bezeichnete Afonso Henriques in allen Urkunden lediglich als „dux portugalensis“, als Herzog Portugals. Erst aufgrund erheblicher Zugeständnisse an die Kirche und Erhöhung der Tributzahlungen an Rom anerkannte ihn Papst Alexander III. im Jahre 1179 als König von Portugal. Begünstigt wurden die Erhebung Portugals zum Königtum und die Erlangung einer freilich nach wie vor prekären Unabhängigkeit dadurch, daß nach dem Tod Alfons' VII. im Jahre 1157 sich seine beiden Söhne das Erbe geteilt hatten: Ferdinand II. erbte León und Galicien, Sancho III. Kastilien, es gab nun zwei Königreiche, zugleich wurde der Kaisertitel aufgegeben. Da allerdings der Erzbischof von Toledo nicht bereit war, seine Oberhoheit über Portugal als Primas der iberischen Kirche aufzugeben, bestanden auf kirchlicher Ebene Probleme fort. Erst im Jahre 1103 erkannte Papst Paschalis II. Braga als kirchliche Metropole Portugals und den Erzbischof als Primas der portugiesischen Kirche an. Von diesem Zeitpunkt an kann man die Unabhängigkeit eines portugiesischen Königreiches als einigermaßen gesichert bezeichnen.

Das neue Königreich umfaßte von der Grenze zu Galicien bis zum nach wie vor umstrittenen Gebiet um Lissabon den gesamten Norden des Landes und hatte eine Fläche von etwa 34 000 km². Es war damit ein vergleichsweise kleines Land, von ähnlicher Ausdehnung wie Aragonien, Navarra oder die islamischen Reiche der Taifas, die sich nach dem Zerfall des Kalifats von Córdoba die Herrschaft über das islamische Spanien teilten. Da es mehr oder weniger zusammenfiel mit dem atlantisch geprägten Teil des modernen Portugal, war es nicht nur klimatisch, sondern auch demographisch wie wirtschaftlich ein relativ homogenes Gebiet, in dem dieselbe, dem Galicischen sehr ähnliche und bereits in jener Zeit schriftlich dokumentierte Sprache gesprochen wurde, aus der das moderne Portugiesisch hervorgegangen ist. Gleichzeitig bildete jene Region schon damals und bis hin in die Moderne den am dichtesten besiedelten Bereich Portugals. Wenn es auch keine genauen Bevölkerungsdaten aus jener Zeit gibt, so wissen wir doch aus Kirchenregistern, daß das Erzbistum Braga am Ende des 11. Jahrhunderts etwa 667 Pfarreien zählte, so daß wir aus der mittleren Verteilung von 2,5 Pfarreien pro 10 km² auf eine vergleichsweise hohe Bevölkerungsdichte schließen können. Man schätzt für das Königreich Portugal in seiner Frühzeit eine Bevölkerungszahl von etwa 400 000 Einwohnern, was einem Durchschnitt von 16 Einwohnern pro km² entsprechen würde und für damalige Verhältnisse auch im europäischen Durchschnitt als hohe Einwohnerzahl anzusehen ist.

Das Bevölkerungswachstum führte zu Teilungen der bewirtschafteten Landstücke, zu Wanderungen in bis dahin wenig landwirtschaftlich genutzte Regionen und – nicht zuletzt – zum Druck auf den noch maurischen Süden des Landes. Die landbesitzende Herrenschicht, teils weltlicher Adel, teils kirchliche Würdenträger, verfügte über weitgehende Autorität gegenüber den durch Gewohnheit an die Scholle gebundenen Teilen der Bevölkerung, die entweder einen Teil ihrer Produktion und/oder Dienst- und Tributleistungen an ihre Herren zu entrichten hatten. Andererseits muß aber darauf verwiesen werden, daß die andauernden Kämpfe gegen die Mauren den Druck auf die einfache Bevölkerung lockerten und zugleich vielfältige Möglichkeiten boten, durch militärische Leistung die Freiheit zu erlangen, ja sogar in den Adel aufzusteigen, wenn die Mittel verfügbar waren, ein Pferd zu unterhalten und die nötige Bewaffnung zu erwerben. Auf diese Weise konnte man sogar in den adeligen Status eines *cavaleiro-vilão*, eines einfachen Ritters, aufsteigen. Aber auch die Fußknechte – *peões* –, die an den militärischen Unternehmungen beteiligt waren und bei den häufigen Belagerungen von befestigten Ortschaften wichtige militärische Dienste zu verrichten hatten, besaßen einen höheren sozialen Status als die nicht kämpfende Bevölkerung und waren durchweg Freie. Die einmal latente, dann wieder offene Kriegssituation in den breiten Grenzgebieten zu den maurischen Territorien beeinflußte nachhaltig die Sozialstruktur des Landes.

Unter der einfachen Bevölkerung lassen sich bereits in jener Zeit rechtliche Abstufungen nachweisen, die schon damals ständig im Fluß waren. Abgefedert wurde die soziale Pyramide der Bevölkerung seit der Antike durch das Vorhandensein von Sklaven, welche die sich bekämpfenden Christen und

Mauren erlangten, indem sie die jeweils im Krieg gefangenen Andersgläubigen versklavten. Je nach Intensität der Kämpfe war die Zahl dieser Sklaven unterschiedlich hoch, der Wunsch nach Sklaven und Beute konnte in jener Zeit sogar häufig den Anstoß zu Einfällen in Feindgebiete geben. Die Sklaverei war so weit verbreitet, daß sowohl Portugiesen als auch Spanier nichts Ungewöhnliches darin sahen, im Zuge der überseeischen Expansion Angehörige anderer Völker zu versklaven. Es muß in diesem Zusammenhang freilich auch festgestellt werden, daß diese Sklaven, sofern sie getauft wurden, in relativ kurzer Zeit die Freiheit und damit die Möglichkeit der sozialen Integration erhalten konnten, was dann wiederum – zwar nicht in der Kirche, aber im Volksdenken – zur Rechtfertigung der Sklaverei diente, in der man ein Mittel zur Christianisierung sah.

Große Unterschiede der sozialen Gliederung finden sich sowohl im Klerus als auch im Adel. So war im 11. und 12. Jahrhundert im Gefolge der Kämpfe der christlichen Dynasten untereinander eine Schicht des Hochadels entstanden, die diese Auseinandersetzungen zu ihrem sozialen Aufstieg genutzt hatten. Diese oftmals eingewanderten *ricos-homens* waren, von den jeweiligen Königen und Grafen mit Herrschaften und Gütern ausgestattet, zur adeligen Elite im Umkreis des königlichen Hofs aufgestiegen. Unterhalb dieser Gruppe begegnet auf der sozialen Rangleiter eine viel größere Zahl von adeligen Landbesitzern, die meist aus alten Familien stammten und ihre Ursprünge bis in römische oder westgotische Zeit zurückverfolgen konnten. Diese je nach Rang „infanções", „cavaleiros" oder „escudeiros" genannten Adeligen bildeten eine eigene, oft zu den *ricos-homens* in Opposition stehende Gruppe, die sich verschiedentlich gegen das Königtum wandte und eine Verwurzelung in der einfacheren Bevölkerung besaß. Daneben führten aber das Bevölkerungswachstum und die damit verbundenen wirtschaftlichen Veränderungen zu Konflikten innerhalb dieser Adelsschicht. Darunter findet man eine ihrerseits in sich abgestufte Schicht von einfachen Adeligen, wie etwa Rittern oder *fidalgos,* die zwar gewisse Privilegien genossen, sich in ihrem Lebensstandard aber von nichtadeligen begüterten Bauern kaum unterschieden haben dürften. Nach unten sind die materiellen Übergänge vom Adel über nichtadelige Freie und Hörige bis hin zu handwerklich prosperierenden Sklaven durchaus fließend.

Wie im Adel findet sich auch im Klerus eine große soziale Bandbreite, dieser Stand wies die vielleicht größten sozialen Unterschiede auf. Das Spektrum innerhalb der Geistlichkeit reichte von den geistlichen Magnaten, etwa den aus dem Hochadel stammenden Erzbischöfen und Bischöfen, über die Angehörigen von Domkapiteln, geistliche Mitglieder der Ritterorden, Äbte und Vorsteher bedeutender Ordensgemeinschaften bis hin zu Gemeindepfarrern von zweifelhaftem Bildungsstand oder gar einfachen, des Lesens und Schreibens kaum mächtigen Kaplänen und Klerikern aus den untersten Bevölkerungsschichten. Dazu kamen die ebenfalls der Standesprivilegien der Geistlichkeit teilhaftigen Ordensbrüder ohne geistliche Weihen und das Heer von Laien, die in irgendeiner Form im Dienste der Kirche oder kirchlicher Institutionen standen und daher nicht der weltlichen, sondern der geistlichen Gerichtsbarkeit unterstanden.

Die Landwirtschaft war in Portugal wie allenthalben im Europa jener Zeit der wichtigste Wirtschaftszweig. Neben dem Getreide- und Weinanbau spielte die Viehzucht eine wichtige Rolle. Die in den *vilas* und ihren Untergliederungen betriebene Land- und Weidewirtschaft war im wesentlichen auf Selbstversorgung ausgerichtet. Lokaler oder regionaler Handel wurde bis weit ins 12. Jahrhundert als Tauschhandel betrieben. In geringem Umfang zirkulierte leonesisches, islamisches und sogar byzantinisches Geld. Allerdings begann bereits Afonso Henriques als erster König Portugals mit der Prägung eigener Münzen, was auf die wachsende Bedeutung des Handels hinweist. Zu Beginn des 12. Jahrhunderts finden sich denn auch erste größere Märkte und Messeplätze. Der Fernhandel, vor allem zur See, entwickelte sich zwar langsam, doch stetig. An den Küsten besaß der Fischfang seit alters her eine große Bedeutung und bildete aufgrund der einfachen

Konservierungsmethode der Trocknung (Stockfisch bzw. *bacalhao*) einen Faktor im Fernhandel.

In den 1130er Jahren unternahmen dann Portugal und die anderen christlichen Staaten raumgreifende Vorstöße in den islamischen Süden der Halbinsel. Portugal bemühte sich dabei vor allem, die Grenzregion südlich des Mondego zu sichern, die als „Frontier" in endemische Kriegshandlungen verstrickt war. 1135 baute Afonso Henriques die Festung Leiria als Bollwerk und Stützpunkt für Vorstöße in maurisches Hinterland aus und unternahm Vorstöße bis in den Norden des Alentejo, ohne zunächst dauerhaften Gewinn aus seinen militärischen Erfolgen ziehen zu können. In den 1140er Jahren zerfiel das Almoravidenreich wieder und ließ eine Reihe neuer politischer Einheiten um die großen Städte des Landes entstehen. 1147 wurde Santarém mit Unterstützung von Kreuzrittern erobert, und in der Folgezeit gelang die Besitznahme weiterer maurischer Gebiete. 1160 begannen die Templer, die Burg von Tomar, ihr künftiges Zentrum in Portugal, zu erbauen. 1166 ließen sich in Évora die ersten Angehörigen des kastilischen Ritterordens von Calatrava nieder, die später ihr Zentrum nach Avis verlegten, diesen Namen übernahmen und sich so lusitanisierten. Neben der Begründung des unabhängigen Königreiches Portugal vermochte Afonso Henriques schließlich auch wichtige Erfolge bei der Rückeroberung südlicher Teile Portugals von den Mauren zu erzielen.

Die gewachsene Bedeutung der Städte und des Fernhandels wurde in der Folgezeit auch anhand der politischen Maßnahmen der Krone deutlich. So setzte der König beispielsweise detaillierte Zolltarife für den Außenhandel fest, die erkennen lassen, daß der Seehandel stark zugenommen hatte und die Zölle zu einem wichtigen Faktor der Kronfinanzen geworden waren. Bereits 1184 hatten portugiesische Kaufleute in Brügge die erste Handelsfaktorei gegründet. Zu Beginn des 13. Jahrhunderts erhielten sie dann in England und Frankreich ebenfalls königliche Schutzbriefe. Nachdem durch den Vorstoß der kastilischen Reconquista bis an die Meerenge von Gibraltar die Fahrt für christliche Handelsschiffe zwischen dem Mittelmeerraum und dem Atlantik sicherer geworden war, begannen italienische Handelsflotten jährlich durch die Meerenge in den Nordseeraum zu fahren, was die Entwicklung der Seefahrt und des Handels in Portugal nachhaltig förderte, machten doch die Konvois stets Zwischenstation in den portugiesischen Häfen. Bereits seit 1237 sind königliche Marinearsenale in Portugal nachweisbar. Bald danach begegnet erstmals die Bezeichnung „caravela" für den Schiffstyp, mit dem Portugal später seine überseeische Expansion vorantreiben sollte. Gestützt auf die Verbindung der mediterranen mit der Schiffsbautradition des Nordseeraumes, wurden in der Folgezeit auch die hochseetüchtigen Schiffstypen des Expansionszeitalters an den Küsten Portugals entwickelt. Fernhandel und Schiffsbau wiederum förderten durch ihre Nachfrage nachhaltig die Gewerbeentwicklung. Es erfolgte die Einrichtung einer Börse, und die Krone begann, auf eigene Rechnung Fernhandel zu betreiben. Adeliges Standesdenken bildete offenbar schon in jener Zeit kein unüberwindbares Hindernis mehr für ein auf Geldwirtschaft basierendes Unternehmertum, so daß sogar das Königtum entsprechenden Aktivitäten nachgehen konnte. Unter König Dinis (1279–1325) läßt sich bereits das Amt eines *almirante mor*, eines königlichen Großadmirals, nachweisen, das 1317 dem Genuesen Manuel Pessagno als Erbamt übertragen wurde; dieser trat mit 20 genuesischen Seefahrtsexperten in den Dienst der portugiesischen Krone. Dinis war es auch, der den Resten des vom Papst europaweit verbotenen Templerordens in Portugal eine Heimstatt gab und den Orden mit kaum veränderten Statuten schlicht in „Christusorden" umbenannte.

Die Regierungszeit König Dinis' wird in der portugiesischen Historiographie vielfach als ein „Goldenes Zeitalter" bezeichnet. So förderte er den Binnen- und Außenhandel und die Marine, was wiederum aufgrund der hohen Nachfrage nach Schiffszubehör die verschiedenen Gewerbe nachhaltig belebte. Sümpfe wurden unter seiner Regierungszeit ebenso trockengelegt wie der Waldbau Impulse erhielt, um geeignetes Holz für den Schiffbau verfügbar zu haben. Mit der Gründung eines

Studium generale in Lissabon legte Dinis auch die Grundlage für die spätere Universitätsentwicklung des Landes. Durch die Konsolidierung der Königsmacht und die Begünstigung der Städte und des Handels sicherte Dinis nicht nur den inneren Frieden, sondern auch die Eigenständigkeit des Königreiches; zugleich leitete er wichtige zukunftsorientierte Entwicklungen auf den verschiedensten Gebieten ein und begünstigte nachhaltig die Entwicklung von Wissenschaft und Künsten in Portugal.

Ungeachtet dieser dynamischen inneren Entwicklung des Landes flackerten immer wieder Konflikte mit dem mächtigen Nachbarn Kastilien auf, der Portugal um die Mitte des 13. Jahrhunderts den Besitz der Algarve hatte streitig machen wollen. Die Konsolidierung des portugiesischen Königtums sollte freilich dazu führen, daß in der Folgezeit dynastische Verbindungen bzw. Auseinandersetzungen zwischen beiden Kronen wichtiger wurden als territoriale Konflikte, nachdem Kastilien 1267 die Algarve als Besitz der portugiesischen Krone anerkannt hatte. Von da an verfügte Portugal über gesicherte Grenzen, und sein aus Burgund stammendes Herrscherhaus schaltete sich zunehmend nicht mehr nur in die iberische Politik ein, sondern betrieb entsprechend den inzwischen weiter in den Nordsee- und den Mittelmeerraum reichenden Handelsinteressen eine nahezu europaweit ausgreifende Politik.

2. Der Aufstieg der Dynastie von Avis und der Beginn der atlantischen Expansion

Im 14. Jahrhundert wurde der portugiesische Handel sowohl im Nordsee- als auch im Mittelmeerraum ausgebaut und sicherte sich weitere Stützpunkte. Gleichzeitig betrieben Händler aus beiden Regionen in Portugal ihre Geschäfte. Die portugiesische Küste wurde so zu einer rege von Schiffen aus vielen Ländern angesteuerten Region. Bereits 1353 schloß Portugal mit England einen Vertrag, der den Händlern beider

Königreiche freien Handel und Schutz garantierte und portugiesischen Fischern gestattete, im Umkreis englischer Häfen zu fischen, ein Hinweis auf die Reichweite der portugiesischen Seefahrts-, Fischfang- und Handelsinteressen. In allen größeren Hafenstädten des Nordsee- und Mittelmeerraumes fanden sich portugiesische Handelskolonien, umgekehrt waren Italiener, Katalanen, Aragonesen, Mallorquiner, Franzosen, Niederländer und andere Kaufmannsnationen in Lissabon und Oporto anzutreffen.

Diese Entwicklung läßt verständlich werden, daß die großen Küstenstädte Portugals zunehmend Einfluß auch auf die Politik der Krone gewonnen hatten. Aufgrund der sogenannten Krise des 14. Jahrhunderts mit den Pestjahren zwischen 1348 und 1350 verschärften sich – wie beinahe allenthalben in Europa – erneut innenpolitische Konflikte. Massive Bevölkerungsverluste und Wanderungen vom Land in die Städte beeinträchtigten die Einkommen des Adels aus den Grundrenten. Die Städte waren im Gefolge der Verbreitung der Geldwirtschaft und des Handels, aufgrund der zunehmenden gewerblichen Aktivitäten sowie der inzwischen entstandenen kirchlichen und zünftischen Sozialeinrichtungen attraktiver geworden.

Als König Ferdinand 1385 starb, war seine Tochter Beatriz, inzwischen Königin von Kastilien, die einzige legitime Erbin, so daß die Vereinigung Portugals mit Kastilien bevorstand, ein Ziel, das die Heiratspolitik beider Herrscherhäuser im Spätmittelalter angestrebt hatte. Während die Mehrheit des portugiesischen Adels für das Legitimitätsprinzip Partei ergriff, war das städtische Bürgertum geschlossen gegen eine Verbindung mit Kastilien eingestellt. Diese Situation nutzte Johann, der illegitime Sohn Peters I. und Halbbruder des verstorbenen Königs, und stellte sich als Großmeister des Ordens von Avis mit seinen Rittern auf die Seite des Bürgertums, das ihm die Krone angetragen hatte. Der nun ausbrechende Krieg führte 1384/85 zur kastilischen Invasion Portugals. In der Schlacht von Aljubarrota gelang Johann von Avis ein triumphaler Sieg über die Kastilier. Die Cortes von Coimbra erkannten ihn

1385 gegen die Kandidatur von zwei anderen illegitimen Söhnen Peters I. als König Johann I. an. Dieser verheiratete sich bald darauf mit der Tochter des die englischen Hilfstruppen befehligenden John of Gaunt. Im Vertrag von Windsor garantierte England zugleich die Unabhängigkeit Portugals gegen kastilische Ansprüche.

Hinter den geschilderten politischen Entwicklungen verbergen sich tiefgreifende strukturelle Veränderungen, die sich in Portugal seit dem 13. Jahrhundert abgezeichnet und inzwischen dem Land Prägungen vermittelt hatten, die es von anderen europäischen Monarchien dieses Zeitalters unterschieden. So hatte sich die herrscherliche Autorität weitgehend durchgesetzt. Portugal war einer der ersten Flächenstaaten mit einer vergleichsweise modernen, in weiten Bereichen juristisch gebildeten Regierung und Verwaltung, die Rechtspflege, Finanzwesen und allgemeine Regierungsangelegenheiten auf überwiegend schriftlicher Grundlage in der Landessprache erledigte. Königliche Kommissare intervenierten häufig in den städtischen und adeligen Gerichtsbarkeiten, da das Königtum die oberste Gerichtsbarkeit nach wie vor effektiv ausübte bzw. kontrollierte und eifersüchtig über seine Prärogativen wachte. Neben einer königlichen Marine finden sich Anfänge eines militärischen Rekrutierungssystems, das nicht mehr ausschließlich auf adeliger Gefolgschaft basierte. Das Steuerwesen war zentralisiert, und die Krone vermochte sich durch eigene Handelsunternehmungen, Kronmonopole und Finanztransaktionen zusätzliche Einnahmen zu verschaffen. Ein in rascher Entwicklung begriffener neuer Amtsadel unterstützte das Königtum bei der Ausübung seiner Herrschaft: Regierung sowie Justiz-, Finanz- und Wirtschaftsverwaltung erfolgten auf zentraler, regionaler und lokaler Ebene.

Mit dem Vordringen der Geldwirtschaft seit dem 13. Jahrhundert hatten nicht nur der städtische Handel und das städtische Gewerbe an Bedeutung gewonnen, auch der tendenziell stärker der Landwirtschaft zugewandte Adel hatte sich den modernen wirtschaftlichen Entwicklungen zu öffnen begonnen. Auf diese Weise wurden auch die Standesgrenzen sehr viel durchlässiger. Hatte ursprünglich die „Militarisierung" weiter Teile der Bevölkerung im Zuge der Reconquista zu einer gewissen sozialen Durchlässigkeit geführt, so waren es nunmehr verstärkt die Folgen der Geldwirtschaft und des Handels, die soziale Mobilität begünstigten.

Anfang des 15. Jahrhunderts schlossen Kastilien und Portugal einen „ewigen Friedens- und Bündnisvertrag". Damit hatte die neue Dynastie von Avis auch außenpolitische Anerkennung gefunden. Innenpolitisch sah sich die Krone dazu veranlaßt, die Kräfte politisch zu begünstigen, die den neuen König Johann I. im Erbfolgekrieg unterstützt hatten, zugleich aber auch den Versuch zu unternehmen, einen Ausgleich mit dem Adel zu finden, der im Erbfolgekrieg mehrheitlich im gegnerischen Lager gestanden hatte. Ein militärischer Angriff auf die nordafrikanische Handelsstadt Ceuta schien Johann I. ein geeignetes Mittel zu sein, um sowohl den Adel militärisch zu beschäftigen als auch den städtischen Wirtschaftsinteressen entgegenzukommen.

Ceuta war einer der Handelsknotenpunkte an der nordafrikanischen Küste, zu dem die Karawanen von den Gebieten südlich der Sahara gelangten, um dort ihre Handelswaren wie Gold, Elfenbein und Malaguetta-Pfeffer gegen Metallwaren, Vieh, Textilien und andere Erzeugnisse des Mittelmeerraumes einzutauschen. Vor allem das Gold war bei den christlichen Mittelmeeranrainerstaaten zur Münzprägung sehr begehrt. Es wurde bereits angedeutet, daß nach Öffnung der Meerenge von Gibraltar italienische Handelsflotten entlang der portugiesischen Küste nach Norden in den Nordseeraum fuhren. 1277 hatte Genua diese Route nach England und den Niederlanden eröffnet, bevor wenig später Venedig nachzog. Genua folgte aber zugleich auch der Route entlang der afrikanischen Küste nach Süden. Nachdem 1291 die Brüder Vivaldi mit zwei Galeeren auf diesem Weg Afrika umschiffen wollten und gescheitert waren, entdeckte der Genuese Lancelotto Malocello auf der Suche nach dieser verschollenen Expedition wenige Jahrzehnte später, um 1312, die bereits der Antike bekannten Kanarischen Inseln wieder. Die Rivalität um den Besitz dieser Inseln war danach das ganze 14. Jahrhundert über ein außenpolitischer Streitpunkt zwischen Aragonien, Kastilien und Portugal, der erst 1479 zugunsten Kastiliens entschieden wurde.

Da die italienischen Vorstöße in den Atlantik zumeist im Rahmen privater Handelskompanien organisiert und finanziert wurden, waren wirtschaftliche Gewinn- und Verlustrechnungen eines jeden einzelnen Unternehmens meist ausschlaggebend für die Weiterführung oder Beendigung solcher Handelsexpeditionen. Es zeigte sich, daß die Unternehmens- und Finanzierungsformen der italienischen Fernkaufleute nicht ausreichten, um die Erschließung neuer, risikoreicher Handelswege mit noch ungewissen Gewinnchancen dauerhaft zu finanzieren, und auch die italienischen Stadtstaaten selbst waren nicht in der Lage, größere Ressourcen für längerfristig angelegte Unternehmungen, wie etwa das der Gebrüder Vivaldi, zu mobilisieren. Die politischen Möglichkeiten eines straff geführten Flächenstaates zur nachhaltigen Mobilisierung und Kanalisierung von Menschen, Material und Kapital in eine solche Expansionsbewegung sollten sich nun sehr schnell gegenüber entsprechenden Versuchen von Einzelpersonen oder Stadtstaaten als überlegen erweisen.

Die Eroberung der Stadt Ceuta durch die Portugiesen führte zunächst nicht zu dem erhofften Ergebnis. Johann I. und seine Söhne wollten die Stadt dauerhaft besetzt halten und mit einer Garnison versehen, um von dem erwähnten Handel zu profitieren. Die Mauren verlegten jedoch ihre Handelsrouten und schnürten Ceuta völlig vom Hinterland ab. Unter diesen Umständen aber die Stadt gegen islamische Rückeroberungsversuche zu halten wäre ein kostspieliges Unterfangen von zweifelhaftem militärischen Wert und ohne jede kommerzielle Perspektive gewesen. Der König erörterte mit seinen Söhnen und Ratgebern zwei Alternativen: entweder die Stadt aufzugeben und sich mit der Kriegsbeute nach Portugal zurückzuziehen oder aber die Stadt zu verteidigen und gleichzeitig zu versuchen, durch maritime Vorstöße entlang der afrikanischen Westküste nach Süden im Rücken der Belagerer mögliche Verbündete zu gewinnen, ja direkten Zugang zu den durch die Sahara verlaufenden Handelsrouten zu finden. Prinz Heinrich, der nachgeborene Sohn des Königs, sollte fortan zum entschlossensten Befürworter der zweitgenannten Lösung werden, für die sich dann auch König Johann entschied. Prinz Heinrich erhielt 1418 den Oberbefehl über eine Entsatztruppe für das belagerte Ceuta und ließ sich 1419 vom König zum Gouverneur der Algarve ernennen, wo er, der selbst außer kurzen Überfahrten nach Ceuta nie zur See fuhr, zum Organisator des portugiesischen Ausgreifens in den Atlantik wurde.

Von 1415 bis 1433 sind 15 portugiesische Fahrten entlang der afrikanischen Westküste überliefert, von denen sich aber nur einige der späteren Fahrten eindeutig mit dem Prinzen in Verbindung bringen lassen. Dabei entdeckte man zwischen 1419 und 1425 – das genaue Datum ist unklar – zunächst die Insel Porto Santo in der Nähe von Madeira und bald darauf Madeira selbst. Heinrich ließ sich vom König mit der Kolonisation der Inselgruppe betrauen und ernannte Bartolomeu Perestrelo, einen wohl italienischstämmigen Gefolgsmann, zum Gouverneur von Porto Santo, dessen Tochter später Christoph Kolumbus heiraten sollte. Heinrich wurde nun zum Kolonisationsunternehmer, während er gleichzeitig weitere Erkundungsfahrten entlang der afrikanischen Westküste nach Süden veranlaßte. 1433 von seinem Bruder, König Duarte, mit der Inselgruppe belehnt, gelang Heinrich deren Besiedlung verhältnismäßig rasch. Der Prinz ließ aus Sizilien Zuckerrohr und aus Zypern Rebstöcke auf die Inseln bringen. Diese Kulturen entwickelten sich so günstig, daß schon bald Zucker und Wein in den Mittelmeerraum und nach Flandern verkauft werden konnten. Während die Krone ihr Augenmerk zunächst auf die Eroberung von Gran Canaria richtete, entsandte Prinz Heinrich, inzwischen zum Großmeister des Christusordens ernannt, weitere Expeditionen nach Süden. Obwohl diese entlang der afrikanischen Küste nur langsam nach Süden vorankamen, erkannten sie sehr schnell, daß ein weiteres Ausholen in den Atlantik die Rückreise nach Portugal beschleunigte, eine Folge des Golfstroms. Deshalb konnten bereits 1427 die ersten Azoreninseln im Auftrag von Prinz Heinrich entdeckt werden, doch erst 1452 sollte die gesamte Inselgruppe bekannt sein. 1439 ließ sich Heinrich von der Krone das Recht zur Kolonisation von sieben der Azoreninseln übertragen. Diese wurden ebenso wie Madeira und Porto Santo in einigen weltlichen und allen kirchlichen Belangen der Verwaltung des Christusordens unterstellt, dessen Ritter vereinzelt auch als Befehlshaber der von Heinrich ausgesandten Schiffe und Flotten nachweisbar sind.

In den folgenden Jahrzehnten baute Prinz Heinrich sein atlantisches Handelsimperium planmäßig aus. 1433 war es seinem Gefolgsmann Gil Eanes gelungen, das legendäre und als äußerste Grenze für die Schiffahrt in Richtung Äquator angesehene Kap Bojador zu umsegeln. Mit dieser Fahrt war eine psychologische Barriere überwunden, hatte doch die Auffassung bestanden, die Hitze werde in Äquatornähe für Mensch und Material zu groß und die kleinen, etwa 30 Tonnen schweren Schiffe, mit denen diese Fahrten unternommen wurden, besäßen nicht die Kapazität, um genügend Proviant und Trinkwasservorräte für die Fahrt entlang der wüstenartigen nordafrikanischen Westküste und wieder zurück laden zu können. Zugleich wurde auch das eherne Gesetz der Schiffahrt jener Zeit zu einem entscheidenden Faktor der weiteren Entwicklung von Seefahrt und Fernhandel: Je mehr Segeltage ohne Landberührung erforderlich waren, um ans Ziel zu gelangen, um so mehr teurer Laderaum mußte für die Versorgung der Schiffsbesatzung aufgewandt werden und um so kleiner wurde der Stauraum für Handelsware. Je geringer dieser war, um so höher mußte der Wert der im verfügbaren Stauraum transportierten Güter pro Verpackungseinheit sein, damit die Fahrt gewinnbringend sein konnte.

1439 erhielt Heinrich ein befristetes Privileg, das die Erzeugnisse der von ihm kolonisierten Inseln von Steuern befreite, ein Hinweis darauf, daß von dort bereits Überschüsse auf das Festland geliefert wurden. 1440 nahm er wieder die Entsendung von Expeditionen auf, von denen einige bereits erkennen lassen, daß Heinrich auch die Ausbeutung der reichen

Fischvorkommen und vor allem der großen Zahl an Seehunden und Seelöwen zur Öl- bzw. Trangewinnung in Angriff genommen hatte. Die Unternehmungen scheinen bereits in jenen Jahren so ertragreich geworden zu sein, daß sich Heinrich 1443 durch eine päpstliche Bulle das Exklusivrecht für Fahrten nach Guinea zuerkennen ließ. Bereits 1444 erreichte ein Kapitän Heinrichs den Senegalfluß und damit endgültig Schwarzafrika.

Neben den Einnahmen aus den kolonisierten Inseln und den Fischfangerträgen wurde nun der Handel mit schwarzafrikanischen Sklaven und afrikanischen Produkten wie Elfenbein, Gold, Gewürzen und dergleichen im Tausch gegen Pferde, Metallwaren, Textilien und Wein zum wichtigsten Geschäftszweig in Heinrichs Handelsimperium. Daneben spielten Salzgewinnung, die Kolonisation der Kapverdischen Inseln mit ihrer später prosperierenden Baumwollindustrie und bald auch die Lizensierung ausländischer Handelsfahrten eine immer wichtigere wirtschaftliche Rolle. Den Unternehmungen Heinrichs kam zugute, daß auf den bis dahin nicht agrarisch genutzten Inselgruppen hohe landwirtschaftliche Erträge erzielt werden konnten. Insbesondere das Zuckerrohr erbrachte weitaus gewinnbringendere Ernten als in den Mittelmeerregionen, in denen es schon seit längerer Zeit kultiviert wurde. Zugleich wuchs damit die Nachfrage nach Arbeitskräften, die teils mit schwarzafrikanischen Sklaven, teils mit portugiesischen, italienischen und flämischen Fachleuten gedeckt wurde. Bis 1448 waren mehr als 50 Schiffe über Kap Bojador hinaus nach Süden gesegelt, hatte man mehr als 900 Sklaven nach Portugal gebracht, afrikanisches Gold eingetauscht, die Fanggründe für Fisch und Seelöwen ausgeweitet und lieferte von den kolonisierten Inselgruppen aus Zucker, Wein und Getreide sowie später auch Baumwolle auf verschiedene westeuropäische Märkte. Bereits 1454 wird die Verbindung von Prinz Heinrichs Unternehmungen mit italienischen Handelsinteressen erkennbar, als sich ihm der venezianische adelige Kaufmann Alvise da Cadamosto anschloß. Er unternahm im darauffolgenden Jahr eine Handelsfahrt bis zur Bucht von Arguim, von der er eine Beschreibung hinterließ, die sehr gut über die Wirtschafts- und Handelsaktivitäten in Heinrichs „Imperium“ informiert.

Schon Cadamosto erwähnt eine Faktorei Heinrichs des Seefahrers in der Bucht von Arguim. Die detailgetreue Beschreibung läßt erkennen, daß Heinrich das weitgehend friedliche System der Handelskolonisation, wie sie die Portugiesen in der Folgezeit allenthalben umzusetzen bestrebt waren, teilweise mit Nachdruck gegen seine Kapitäne durchsetzte. An den entdeckten Küsten sollten an markanten Stellen *padrões* errichtet werden, Steinmarkierungen mit Hinweis auf die Besitznahme im Dienste des portugiesischen Königs durch diesen oder jenen Seefahrer an diesem oder jenem Datum. Der damit erhobene Anspruch richtete sich aber nicht gegen die afrikanischen Bewohner der Gegend, sondern gegen europäische Konkurrenten, gegenüber denen das Erstentdeckungsrecht Portugals und damit der Anspruch auf wirtschaftliche Nutzung manifestiert werden sollte. Dagegen sollten Heinrichs Kapitäne jedoch den friedlichen Ausgleich mit den afrikanischen Herrschern der Küstenregionen suchen, von diesen die Erlaubnis zur Errichtung von Handelsfaktoreien zu erlangen trachten und ausschließlich friedlichen Tauschhandel betreiben. Auch die afrikanischen Sklaven sollten nicht selbst eingefangen, sondern von den befreundeten Herrschern erworben werden.

Als Heinrich 1460 starb, muß sein Handelsimperium, das sich von der afrikanischen Küste auf der Höhe der Kapverdischen Inseln über die Azoren, Madeira und Porto Santo bis in die Algarve erstreckte, wo es mit den Besitzungen des Christusordens verbunden war, recht gewinnbringend gewesen sein. Bis es dazu kam, hatte der Prinz freilich jahrzehntelang das Personal und die Ressourcen des Christusordens in diese Unternehmungen gesteckt, sie durch Exklusivprivilegien der Krone abgesichert und schließlich einen Teil der erzielten Gewinne wieder investiert. Heinrich gebührt einerseits das immer wieder betonte und unbestreitbare Verdienst, die geographischen Kenntnisse Europas entscheidend erweitert zu haben. Herauszustreichen ist aber auch seine Pionierrolle bei der Schaffung der organisatorischen Voraussetzungen sowie der Durchführung einer weitgehend friedlichen Handelsexpansion, indem er die spätmittelalterlichen mediterranen Entwicklungen in Handel, Kolonisation und Umgang mit fremden Völkern bündelte und in den Atlantik hinaus vorantrieb – damit setzte er gewissermaßen Normen für spätere Unternehmungen. Man mag heute diese Anfänge der „Globalisierung“ kritisieren, wie auch immer man sich aber dazu stellt, so besteht doch kein Zweifel daran, daß, ausgehend von Portugal und mit entscheidender Förderung des Prinzen Heinrich aus dem Hause Avis, eine neue geschichtliche Epoche eingeleitet wurde, welche die Geschichte Portugals und Europas nachhaltig beeinflußt und Portugal in vielerlei Hinsicht geprägt hat.

3. Portugal und sein Weltreich 1479 bis 1580

Nach dem Tod Heinrichs des Seefahrers fiel sein Erbe mit allen erworbenen Rechten an den Infanten Ferdinand, den jüngeren Sohn von Heinrichs Bruder, König Duarte, und einige Jahre später an die Krone. König Alfons V., der den Beinamen „der Afrikaner“ erhielt, hatte sich jedoch nicht nur in zahlreiche politische Händel verstrickt, sondern er verfolgte auch hartnäckig den Plan, im Norden Afrikas dauerhaft und in größerem Stil Fuß zu fassen. Diese politischen Interessen des Königs werden häufig als Ausdruck seiner Prägung durch die überkommenen ritterlichen Vorstellungen von Kampf, Ruhm und Ehre interpretiert, doch gab es, wie bereits erwähnt, durchaus auch handfeste wirtschaftliche und strategische Gründe zur Verfolgung einer solchen Politik. Das weiträumige westeuropäische Bündnissystem, das Alfons maßgeblich mitbetrieben hatte, zielte darauf ab, zusammen mit Aragonien, dem Burgund Karls des Kühnen und England eine gemeinsame Front gegen Kastilien und das mit ihm verbündete Frankreich aufzubauen. Gemeinsam mit Aragonien war Portugal aber auch tief in die inneren Konflikte in Kastilien verstrickt, die eng mit den dynastischen Verbindungen zwischen den Königshäusern von Avis und Trastámara zusammenhingen. Diese Rahmenbedingungen waren zunächst für ein entschlossenes Vorantreiben der Expansionspolitik im Atlantik durch das Königtum wenig günstig, und es überrascht daher nicht, daß sich die Krone zunächst darauf beschränkte, das von Heinrich errichtete Handelsimperium durch die Vergabe von Lizenzen und Exklusivverträgen kommerziell zu nutzen.

Neben seiner weitgespannten Außenpolitik widmete sich Alfons V. durchaus auch der Innenpolitik. So wurde während seiner Regierungszeit die erste große Gesetzessammlung Portugals, die *Ordenações Afonsinas*, fertiggestellt und in Kraft gesetzt. Zwar scheinen sie noch nicht gedruckt worden zu sein, doch haben sie die 1521 unter König Emanuel gedruckte und in Kraft gesetzte Gesetzessammlung, die *Ordenações Manuelinas*, nachhaltig beeinflußt. Portugal verfügte damit als einer der ersten Flächenstaaten Europas über eine einheitliche, römisch-rechtlich inspirierte Gesetzgebung. Diese in der Historiographie zu Portugal in den letzten Jahrzehnten vergleichsweise wenig beachtete Gesetzgebung und Kodifizierung ist freilich nicht nur Ausdruck der Konsolidierung einer einheitlichen Rechtsordnung und der damit verbundenen Staatlichkeit, sondern war zugleich auch ein Instrument, das nicht zuletzt der Ausweitung der portugiesischen Herrschaft in außereuropäische Gebiete diente. Zusammen mit dem religiösen Normensystem wird darin eine portugiesische Identität erkennbar. Praktisch bedeutsam wurde dies spätestens 1505, als die Krone angesichts der enormen Entfernungen ihre seit Vasco da Gama erworbenen asiatischen Besitzungen im *Estado da Índia* zusammenfassen und der Regierung eines weitgehend selbständigen Vizekönigs unterstellen mußte. Ein solches politisches Gebilde konnte nur nach einem einheitlichen Normensystem regiert werden.

Die kulturelle Dimension dieser Entwicklung wird dann 1571 weithin erkennbar, als mit der Veröffentlichung der

„Lusiaden“ des großen Dichters Luís de Camões diesen Entwicklungen ein eindrucksvolles literarisches Denkmal gesetzt wurde, das bis heute als das portugiesische Nationalepos schlechthin gilt.

Das Portugal jener Epoche war nach wie vor ein in zwei sehr unterschiedliche Regionen geteiltes Land, das allerdings mit Lissabon und Umgebung inzwischen ein eindeutig beherrschendes demographisches, politisches, wirtschaftliches und kulturelles Zentrum erhalten hatte, das zu einem internationalen Anziehungspunkt geworden war. Der Norden des Landes war noch immer der am dichtesten besiedelte Landesteil, in dem demographischer Druck vielfach zu agrarischem Kleinbesitz als verbreiteter Wirtschaftsform geführt hatte, zugleich aber der Vertrieb der spezifischen landwirtschaftlichen Erzeugnisse dieser Region, sieht man einmal vom Wein ab, schwächer entwickelt war als im dünner besiedelten „mediterranen“ Süden des Landes. Dort konzentrierte sich die geringere Bevölkerungszahl überwiegend in kleineren oder mittleren Städten, gleichzeitig wurden aber in dieser Region die hochwertigen und leichter absetzbaren Handelsgüter wie zum Beispiel Trockenfisch, Reis, Südfrüchte, Wein, Kork und tierische Produkte erzeugt. In dieser Region herrschte chronischer Arbeitskräftemangel, dem mit Sklavenarbeit zu begegnen versucht wurde. Bevor man seit etwa 1444 erstmals direkt auf schwarzafrikanische Sklaven zurückgreifen konnte, ergänzte sich das Reservoir an Sklaven vorwiegend aus den Reihen kriegsgefangener Mauren. Neben adeliger Mentalität veranlaßte also durchaus auch ein regionales wirtschaftliches Strukturproblem die periodischen Angriffe der Portugiesen in Nordafrika. Wenn das demographische Defizit des Südens nur teilweise durch Zuwanderung aus dem dichter besiedelten Norden ausgeglichen wurde, so ist dies wohl darauf zurückzuführen, daß die Bewohner des Nordens die wirtschaftlichen und sozialen Anreize des Südens nicht sonderlich hoch einschätzten, während der Handel, die Seefahrt und die sich bald eröffnenden Möglichkeiten der maritimen Expansion weitaus attraktiver, wenn auch risikoreicher waren. Für einige Jahre zur See zu fahren oder in den Überseegebieten sein Glück zu versuchen, um dann womöglich begütert nach Hause zurückzukehren, wurde aufgrund der demographischen und sozialen Gegebenheiten besonders in den Nordprovinzen des Landes zum entscheidenden Motivbündel für die jüngere männliche Bevölkerung, sich an den Expansionsunternehmungen zu beteiligen. Diese Umstände müssen wohl in Rechnung gestellt werden, um zu verstehen, wie es möglich war, daß ein kleines Land mit knapp 100 000 km² Fläche und einer Bevölkerung von höchstens 1 000 000 Einwohner am Beginn seiner raumgreifenden Expansion in derart kurzer Zeit ein so ausgedehntes Imperium errichten konnte.

Nach dem Tod Heinrichs des Seefahrers wurde, wie gesagt, die von ihm betriebene Politik allenfalls halbherzig weitergeführt. 1469 verpachtete die Krone den gesamten Afrikahandel an den begüterten Kaufmann Fernão Gomes, verpflichtete ihn aber zugleich, jährlich 100 Meilen Küstenverlauf vom fernsten erreichten Punkt der afrikanischen Küste aus weiter südlich zu erkunden. 1471/72, während König Alfons V. Tanger besetzte, entdeckten portugiesische Seefahrer die Inselgruppe mit São Tomé, Príncipe und Fernando Pó. Da den Kaufleuten, in deren Händen die Afrikafahrten lagen, zunächst einmal an den wirtschaftlichen Möglichkeiten der Entdeckungen lag, zu denen sie sich hatten verpflichten müssen, und Alfons V. 1474 nach dem Tod König Heinrichs IV. in den Erbfolgekrieg in Kastilien verwickelt war, machte Portugal zunächst nur geringe Fortschritte bei seinen Entdeckungsfahrten.

Nachdem sich in dem Krieg Ferdinand und Isabella in Kastilien durchgesetzt hatten, kam es am 4. September 1479 zwischen Kastilien und Portugal zur Unterzeichnung des Vertrages von Alcáçovas. Dieses Vertragswerk enthielt zunächst die Regelung der dynastischen Fragen. Historisch weitaus bedeutender waren aber die wirtschaftlichen Zugeständnisse, die Kastilien im Atlantik machte, um Portugal zum Verzicht auf seine Erbansprüche auf Kastilien zu veranlassen. In den Vertrag wurde eine in West-Ost-Richtung verlaufende Linie auf der Höhe Kap Bojadors festgelegt, südlich deren Kastilien auf

Schiffahrt, Fischfang und Handel verzichtete. Damit war Kastilien von jeglichem Zugang zu dem immer lukrativer werdenden maritimen Handelsimperium Portugals und vor allem von der Beteiligung an der Suche des Seeweges nach Asien durch Umschiffung Afrikas abgeschnitten. Als wichtiges Zugeständnis erreichte Kastilien den portugiesischen Verzicht auf die bis dahin zwischen beiden Kronen umstrittenen Kanarischen Inseln, deren definitive Eroberung die kastilische Krone umgehend einleitete. Da Kastilien jetzt aber überhaupt nur noch der Seeweg nach Westen offenstand, erwies sich der Erwerb der Kanarischen Inseln als ein kluger Schachzug, da diese bald schon als Relaisstation für die Fahrt in den westlichen Atlantik bedeutsam wurden, wie schon die erste Kolumbusfahrt verdeutlichen sollte. Portugal waren diese Vereinbarungen so wichtig, daß es sich an den Papst wandte, um dieses Vertragswerk von der römischen Kurie garantieren zu lassen.

Auf Alfons V. folgte sein Sohn Johann II. (1481–1495). Innenpolitisch verfolgte der neue König eine andere Linie als sein Vorgänger. Er stützte sich auf die städtische Bevölkerung und begann eine energische Zentralisierung und Stärkung der königlichen Macht, die bald die Opposition des Adels herausfordern sollte. Königliche Beamte, *corregedores*, intervenierten in adeligen Herrschaften, was in wenigen Jahren eine Adelsverschwörung auslöste, die aufgedeckt und von Johann II. mit der Hinrichtung des Herzogs von Braganza geahndet wurde. Wenig später erstach Johann persönlich den Herzog von Viseu, den Bruder der Königin, als dieser ebenfalls in den Verdacht geriet, eine Verschwörung zu planen. Der eingekerkerte Bischof von Évora wurde im Gefängnis vergiftet, und der Kardinal Jorge da Costa verließ infolge des Drucks der Krone Portugal für immer und ließ sich in Rom nieder. Gleich zu Beginn seiner Regierungszeit hatte Johann auch das Zeremoniell um seine königliche Person reformiert und die Bezeichnung „Majestät“ für sich in Anspruch genommen, die bis dahin allgemein nur auf Gott angewandt wurde.

Dieser trotz seiner wenig zimperlichen Umgangsformen mit seinesgleichen auch „príncipe perfeito“ genannte König war aber auch derjenige, der mit klaren Konzepten das Ziel, einen Seeweg nach Asien zu finden, entscheidend vorantrieb. Johann II. nahm nicht nur die planmäßigen und organisierten Vorstöße entlang der afrikanischen Küste nach Süden wieder auf, sondern leitete auch die gezielte Suche nach dem nunmehr zutreffend mit Äthiopien und den koptischen Christen verknüpften Priesterkönig Johannes ein. Dazu entsandte er zwei als Händler verkleidete Abgesandte über Ägypten und das Rote Meer südwärts, von denen einer Äthiopien erreichte. Als er nicht mehr zurückreisen durfte, vermochte er es immerhin, dem portugiesischen König einen längeren Bericht zukommen zu lassen. Es gibt Anzeichen dafür, daß hinter diesen Unternehmen auch der – heute recht phantastisch anmutende – Plan stand, gemeinsam mit einem christlichen Herrscher die Türken im Rücken anzugreifen. Daneben veranlaßte Johann II. auch – gescheiterte – Versuche, von der westafrikanischen Küste aus einen Landweg quer durch den afrikanischen Kontinent zu finden – diesbezüglich sei daran erinnert, daß man ja zunächst noch an eine Flußverbindung zwischen Westafrika und dem Nil glaubte. All das läßt ein planmäßiges Vorgehen und ein großräumiges geographisches Konzept erkennen, wobei der König schließlich zu der festen Überzeugung gelangte, daß Indien und die Gewürzländer nur auf dem Seeweg um Afrika erreicht werden konnten. Dies veranlaßte ihn dann auch, Kolumbus' Projekt einer Westfahrt nach Asien zurückzuweisen, das dieser zunächst mit der portugiesischen Krone verwirklichen wollte.

In raschen, raumgreifenden Vorstößen nach Süden erkundete Diogo Cão zunächst die Kongomündung und die Küste Angolas, bevor dann 1487/88 Bartolomeu Dias das Kap der guten Hoffnung und damit die Südspitze Afrikas umrundete. Bis zur Fahrt Vasco da Gamas nach Indien (1497/99) vergingen dann mehrere Jahre, in denen offenbar nicht dokumentierte Fahrten im Indischen Ozean stattfanden, auf die da Gamas nautische Kenntnisse in jenem Gebiet zurückzuführen sein müssen. Während bei Heinrich dem Seefahrer nach erfolgreichen Fahrten meist die wirtschaftliche Nutzung unmittelbar folgte, rückten nun das ferne Erkundungsziel Indien und der Gewürzhandel immer mehr in den Vordergrund aller Bemühungen: Vor allem das Interesse am Pfeffer- und Gewürzhandel, der bis dahin – gemeinsam mit den arabischen und zunehmend auch den türkischen Zwischenhändlern – von Venezianern und Genuesen kontrolliert wurde und über dessen Modalitäten, Bedeutung und Gewinnchancen die Portugiesen sehr gut informiert waren, bildete ein starkes Motiv für diese riskanten und kostspieligen Fahrten. Dies verdeutlicht auch der Umstand, daß sich Lissabon inzwischen zu einem so großen Handelszentrum entwickelt hatte, daß es viele Kaufleute aus dem Mittelmeer- und Nordseeraum, vor allem Italiener, Franzosen, Engländer, Flamen und auch Deutsche, dauerhaft in seinen Mauern beherbergte. Martin Behaim, der Nürnberger Kaufmann und Kosmograph, dem wir wohl nicht zuletzt auch aufgrund seiner in Lissabon gesammelten geographischen Kenntnisse den ersten Globus verdanken, war kein Einzelfall, wie an den hohen Mitgliedszahlen der Bartholomäus-Bruderschaft in Lissabon, einer landsmannschaftlich geprägten religiösen Vereinigung kaiserlicher Untertanen, abzulesen ist.

Ein weiterer Grund für den relativ großen zeitlichen Abstand zwischen der Umrundung Afrikas 1487/88 und der Fahrt Vasco da Gamas dürfte wiederum in den Vorgängen in Spanien zu suchen sein, wo der Krieg gegen das letzte Maurenreich auf iberischem Boden – Granada – in jenen Jahren in seine entscheidende Phase trat und gleich nach Abschluß desselben, Anfang 1492, die Vertreibung der Juden dekretiert wurde, während Kolumbus seine Westfahrt unternahm, die zur Auffindung neuer Gebiete im Vorfeld des später Amerika genannten Kontinents führte. All dies betraf in der einen oder anderen Form auch Portugal: die Wanderung von 50 000 bis 100 000 Juden, von denen ein großer Teil nach Portugal zog; die Beendigung der Reconquista mit der zu erwartenden Abwanderung eines Teils der Mauren, die ebenso wie ein Teil der Spanien verlassenden Juden nach Nordafrika gingen, wo Portugal neben einer ansehnlichen Zahl von Stützpunkten durchaus noch weitergehende Interessen verfolgte, um von der Beeinträchtigung der atlantischen Interessen durch Kolumbus ganz zu schweigen.

Die Fahrt des Kolumbus führte sogleich zu diplomatischen Verwicklungen zwischen Portugal und Kastilien, da Kolumbus bei der Rückkehr witterungsbedingt Lissabon anlaufen mußte und zusätzlich darauf beharrte, dem außerhalb Lissabons weilenden Johann II., der zuvor das Projekt abgelehnt hatte, seine Aufwartung zu machen und von den Ergebnissen der Reise zu berichten, ein Umstand, der die Geschichtsschreibung zu allerlei Spekulationen veranlaßte. Da Kolumbus von den Kanarischen Inseln aus westwärts gefahren war, vermuteten die Portugiesen wohl zu Recht eine Verletzung der im Vertrag von Alcáçovas vereinbarten Ost-West-Linie, südlich derer Kastilien keine Fahrten unternehmen durfte. Als Kolumbus wenig später Ferdinand und Isabella Bericht erstattete, waren diese wohl schon in groben Umrissen von den Vorgängen informiert und wandten sich umgehend an Papst Alexander VI., der einem aragonesisch-valencianischen Adelsgeschlecht entstammte, um sich die von Kolumbus entdeckten Gebiete übertragen zu lassen.

Nachdem der Papst zuvor die portugiesischen Atlantikinteressen um der Heidenmission willen mehrfach bestätigt und ebenfalls die zwischen Kastilien und Portugal 1479 vereinbarte Linie durch Kap Bojador autorisiert hatte, gingen die Könige weiter und ließen sich nicht nur die neu entdeckten, sondern auch die künftig noch zu entdeckenden Gebiete übertragen und zugleich eine neue, 100 Seemeilen westlich der Kapverdischen Inseln in Nord-Süd-Richtung durch den Ozean verlaufende Trennungslinie der beiderseitigen Einflußzonen als Ersatz für die 1479 fixierte Ost-West-Linie festlegen. Westlich dieser Linie sollte Kastilien exklusive Seefahrts- und Besitzrechte haben, östlich derselben Portugal. In den nachfolgenden Verhandlungen, die 1494 zum Vertrag von Tordesillas führten, gelang es Portugal lediglich noch, die Trennungslinie 370 Seemeilen nach Westen zu verschieben, wodurch später die südamerikanische Ostküste – und damit Brasilien – in den portugiesischen Herrschaftsbereich fiel. Dieser Vertrag ist in der Historiographie, nicht zuletzt weil schon wenige Jahrzehnte nach seinem Abschluß europäische Herrscher wie Franz I. von Frankreich ihn entsprechend interpretierten, als „Teilung der Welt" zwischen den beiden iberischen Mächten bezeichnet worden. Zum Zeitpunkt des Vertragsabschlusses herrschten freilich noch sehr unklare Kenntnisse über die Verhältnisse im Atlantik, so daß man durchaus bei Vertragsabschluß der Auffassung sein konnte, außer einigen Inseln sei in der Linienziehung lediglich eine Bestätigung der bereits früher vom Papst vergebenen Exklusivrechte Portugals zu sehen. Erst die in den Jahren 1498/99 unternommenen Expeditionen spanischer und portugiesischer Seefahrer, an denen der Florentiner Amerigo Vespucci teilnahm – der Namensgeber des neuen Kontinents –, sollten diesen Irrtum aufklären und zu der Einsicht führen, daß Kolumbus einen „mundus novus", eine neue Welt, gefunden hatte, wodurch nun auch der Vertragsabschluß von 1494 eine ganz andere Bedeutung erhielt.

Unbestreitbar ist jedenfalls, daß beide vertragschließenden Mächte in bezug auf das politische Denken in geographischen Großräumen und maritimen Wirtschaftsinteressen den meisten europäischen Mächten weit überlegen waren. Dies läßt auch der zweite Vertrag von Tordesillas mit gleichem Datum erkennen, in dem sich beide Mächte über ihre Ansprüche, insbesondere die Fischereirechte, in dem Gebiet zwischen den Kanarischen Inseln und der Küste des heutigen Marokko einigten, wo Portugal während der Herrschaft Alfons' V. weitere feste Plätze – Tanger, Alcácer-Ceguer, Larache, Asilah und Fez – erworben hatte. Die erwähnten Verträge lassen sodann erkennen, daß die portugiesische Krone die Pläne eines lusitanischen Marokko trotz aller Erfolge im Atlantik weiterverfolgte und beide Mächte zudem darum bemüht waren, neben den sich abzeichnenden „geopolitischen" Dimensionen ihrer maritimen Unternehmungen auch die kleinteiligen Interessen in den küstennahen Gewässern abzugrenzen – ein weiterer Beleg für die wirtschaftliche Bedeutung der „maritimen Ressourcen" für die küstennahe Bevölkerung beider Länder.

Die Vertreibung der Juden aus Spanien im Jahre 1492 hatte auch für Portugal einschneidende Konsequenzen. Das Land beherbergte eine eigene jüdische Bevölkerung, die in Judenvierteln unter der üblichen Schutzgesetzgebung lebte und überwiegend gewerblichen und kaufmännischen Tätigkeiten nachging, Geldverleih betrieb oder im medizinischen Bereich tätig war. Auf die Ausweisung aus Spanien reagierte König Johann II. zunächst mit Maßnahmen, die dazu dienten, die Flüchtlinge nach Portugal zu holen. Gegen eine Gebühr wurde der Grenzübertritt nach Portugal gestattet. Einige zehntausend Personen machten davon Gebrauch. Die Ansiedlungsversuche in Portugal stießen jedoch auf den Widerstand der altchristlichen Bevölkerung. Konflikte traten auf, die einen Teil der nach Portugal gelangten Juden dazu veranlaßten, nach Nordafrika, Italien und in den Vorderen Orient weiterzuwandern, was aber nicht unmittelbar in die Tat umzusetzen war. Es kam zu Zwangstaufen, 1493 forderte König Johann von den Neuankömmlingen den Übertritt zum Christentum. Er ordnete sogar an, den nicht zur Taufe bereiten Juden die minderjährigen Kinder zu nehmen, um sie unter christliche Familien im Lande zu verteilen und jüdische Minderjährige gar nach São Tomé zur Besiedlung der Insel zu senden. Der Druck der Krone auf die Neuankömmlinge wurde allerdings sehr selektiv umgesetzt. 1496/97 sah sich König Emanuel nach seiner Heirat mit Isabella von Kastilien, der Tochter der nunmehr – nach der Eroberung Granadas – „Katholische Könige" genannten Herrscher Spaniens, dazu gezwungen, seinerseits die Vertreibung der Juden anzuordnen, die nun de facto zwangskonvertiert wurden. 1506 kam es in Lissabon zu einem Pogrom gegen die getauften Juden, das hohe Opfer forderte und eine Auswanderungswelle in Gang setzte. Teile der zwangsgetauften Neuchristen, wie diese Bevölkerungsgruppe in Portugal künftig genannt wurde, gingen in die portugiesischen Besitzungen in Nordafrika oder im atlantischen Raum, da sie dort auf größere Akzeptanz und Toleranz hoffen konnten – neu erworbene Kolonialräume waren auch damals schon Räume größerer Freiheit.

Am 12. Oktober 1536 wurde schließlich die Inquisition in Portugal eingeführt. Dies hatte neuerlich eine Auswanderungswelle zur Folge. Abermals gingen viele in die portugiesischen Kolonialgebiete, wo zu erwarten war, daß die Inquisition keine so gewichtige Rolle spielen würde wie im Mutterland. Dieses Mal wandten sich aber auch zahlreiche der Auswanderer in die Niederlande, wo nicht nur der Handel einen beträchtlichen Aufschwung genommen hatte, sondern die inzwischen ausgebrochene Glaubensspaltung größere religiöse Freiheit versprach. In den Folgejahren entstanden in den wichtigen Nordseehäfen als Folge der neuchristlichen Auswanderung Kolonien sephardischer Juden, die eine wichtige Rolle bei der Integration dieser Gebiete in den Atlantikhandel spielten, da sie mit Sprache, Kultur und Gegebenheiten Spaniens und Portugals, die in diesem Raum die politisch tonangebenden Mächte waren, vertraut waren.

1495 folgte auf Johann II. König Emanuel I. (gest. 1521), der den Beinamen „der Glückliche“ erhielt und mit dessen Regierungszeit Portugals Goldenes Zeitalter begann. Während seiner Herrschaft vollendete Portugal weitgehend seine Expansion im Atlantik und in Asien und erwarb mit dem Gewürzmonopol vorübergehend auch die hohen Einkünfte aus diesem Handel. Die Fortführung der Expansion nach Asien scheint 1495 bei einer Ständeversammlung aus Anlaß des Regierungsantritts Emanuels noch einmal umstritten gewesen zu sein, als gewichtige Stimmen die Beschränkung der portugiesischen Expansion auf den Atlantik forderten, um die Kräfte des Landes nicht zu überfordern – doch der neue Herrscher beschloß, die Politik seines Vorgängers fortzuführen. Es erscheint sinnvoll, wie schon in bezug auf Nordafrika, auch hier auf diese Stimmen hinzuweisen, da vor allem die nichtportugiesische Historiographie die maritime Expansion des Landes häufig als einen kontinuierlich und planmäßig bis ins 16. Jahrhundert hinein fortgeführten Prozeß darstellt.

Die wirtschaftlichen Erfolge führten auch kulturell zu einer Blütezeit, von der allein ihre Baudenkmäler in dem nach dem König benannten „manuelinischen“ Baustil ein bis heute unübersehbares Zeugnis ablegen. Der spezifisch portugiesische Renaissancehumanismus erreichte in jener Epoche seine höchste Blüte in Literatur und Wissenschaft und wurde auch weithin außerhalb des Landes wahrgenommen. Die Expansionserfolge begünstigten freilich auch einen gewissen kulturellen Exotismus, erkennbar etwa daran, daß der König Papst Julius II. zunächst einen Elefanten sandte, der in Rom im Rahmen päpstlichen Repräsentationsbedürfnisses ebenso großes Aufsehen erregte wie der Kadaver eines vom portugiesischen König nach Rom gesandten und kurz vor der Landung verunglückten Rhinozerosses, den bekanntlich Albrecht Dürer zeichnete. Auch die wohl 1504 gemalte und für die Grabkapelle Cabrals bestimmte „Anbetung der Könige", die als einen der drei Könige einen fürstlichen brasilianischen Indianer mit originalgetreu gemalter Federkrone zeigt, läßt erkennen, wie vergleichsweise selbstverständlich in Portugal europäische religiöse und künstlerische Traditionen mit den neuen, aus dem Expansionsprozeß stammenden Erfahrungen, Wahrnehmungen und Erkenntnissen verbunden wurden.

Gleich nach Regierungsantritt bestätigte der König durch seine Eheschließung mit Isabella, der ältesten Tochter der Katholischen Könige von Spanien, den Wunsch der Dynastie nach einem harmonischen Verhältnis zu seinem iberischen Nachbarn. Von nun an intensivierte sich die Heiratspolitik zwischen beiden Herrscherhäusern womöglich noch, so daß schließlich der Umstand, daß eines von beiden das andere beerben würde, wie dies dann unter Philipp II. von Spanien eintrat, nahezu zwingend wurde. Erfolge in der überseeischen Expansion steigerten in der Folgezeit das Friedensbedürfnis Portugals in Europa, da die maritimen Unternehmungen erhebliche Ressourcen erforderten und zugleich die riesigen zu überbrückenden Entfernungen dazu zwangen, jeweils auf längere Sicht zu investieren. Dies wird bereits an Vasco da Gamas Fahrt erkennbar.

Als die portugiesische Flotte mit Hilfe eines arabischen Piloten von der Ostküste Afrikas aus die indische Küste erreichte, wurde nicht nur rasch die Feindschaft der bisher den

Zwischenhandel mit dem Mittelmeerraum kontrollierenden Araber erkennbar, sondern auch die Begegnung mit dem Herrscher von Calicut verlief trotz freundlicher Aufnahme zumindest aus wirtschaftlicher Sicht nicht sehr günstig, da dieser den Portugiesen ziemlich unverblümt mitteilte, daß an einem Handel mit ihnen so lange wenig Interesse bestünde, solange sie mit derart – in den Augen der Einheimischen – minderwertigen Waren Gewürze eintauschen wollten. So fiel es Vasco da Gama nicht leicht, die Gewürzladung zusammenzubringen, die sein Unternehmen dennoch gewinnbringend machte. Es zeigte sich, daß die Waren, mit denen man im Handel mit Schwarzafrika und dann auch mit Amerika Tauschgeschäfte machen konnte, in Indien wenig bis gar nicht gefragt waren. Erstmals stieß so die europäische Expansion auf eine überlegene Kultur, die kaum Interesse an europäischen Erzeugnissen hatte, sondern Edelmetalle als Gegenwert für die eigenen Produkte forderte. So zeichnete sich schon damals ab, daß der europäische Direkthandel mit Asien ebenso defizitär sein würde, wie er es bis dahin infolge des arabischen Zwischenhandels ohnehin schon war.

Lediglich in einer Hinsicht erwiesen sich die Portugiesen bald als überlegen und konnten daher im Geschäft bleiben: Die Rede ist von der Kriegsführung, insbesondere der Seekriegsführung. Araber und Einheimische waren vor allem in puncto Schiffsbau und -technik sowie bezüglich der Bestükkung der Schiffe mit Artillerie den Portugiesen unterlegen. Um den Gewürzhandel an sich zu reißen, galt es nun, in der Folge nicht nur Edelmetall als Zahlungsmittel in größerem Stil einzusetzen, sondern auch die militärische Vorherrschaft im Indischen Ozean gegen die Araber zu erlangen. Der erste portugiesische Erfolg rief in europäischen Kaufmannskreisen ein großes Echo hervor, zumal auch der König bestrebt war, durch Briefe an die wichtigsten europäischen Höfe auf das Ereignis hinzuweisen. Ganz in portugiesischem Interesse vergrößerte sich nun die Zahl der Handelsagenten, die nach Portugal strömten, um die neuen Geschäftsmöglichkeiten zu prüfen, Fracht auf den Flotten nach Indien zu entsenden, sich zur Erkundung der wirtschaftlichen Möglichkeiten selbst an Reisen zu beteiligen oder um Gewürze von Portugal zu kaufen.

Bereits die zweite Expedition, die nicht lange nach der Rückkehr Vasco da Gamas unter dem Befehl Pedro Álvares Cabrals Anfang 1500 nach Indien ausfuhr und mit 13 Schiffen eine ansehnliche und für alle Eventualitäten ausgerüstete Flotte darstellte, trug den genannten Erkenntnissen offenbar Rechnung. Sie verdeutlicht zugleich das strategisch-taktische Geschick, das Portugal inzwischen aufgrund seiner Expansionserfahrungen im Umgang mit neuen Situationen, fremden Menschen, kultureller Verschiedenheit und andersartigen Lebensgewohnheiten erreicht hatte und das die Führungseliten des Landes befähigte, neue Gegebenheiten rasch zu analysieren und in geeigneter Form darauf zu reagieren. Dies konnte freilich auch zu erheblicher Skrupellosigkeit im Umgang mit fremden Herrschern, Völkern und Kulturen führen. Ein afrikanischer Fürst, der mit Gefolge nach Portugal reiste, um dort um Hilfe in seinen innerafrikanischen Auseinandersetzungen nachzusuchen, wurde – europäischen Gepflogenheiten entsprechend – mit königlichen Ehren empfangen und am Hofe königlich behandelt. Nachdem er sich zum Christentum bekehrt hatte, wurde er von den Königen adoptiert und reiste dann mit einer von der Krone gestellten Flotte zurück. Unter der angesichts der Umstände gänzlich fadenscheinigen Begründung, die Afrikaner hätten an Bord eine Rebellion geplant, ließ der Flottenbefehlshaber auf hoher See die Delegation umbringen, die Leichen über Bord werfen und fuhr nach Portugal zurück, wo seine Rechtfertigung offenbar ohne große Schwierigkeiten akzeptiert wurde.

Cabral, der mit seiner Flotte weit in den westlichen Atlantik ausholte, möglicherweise, um die portugiesischen Rechte aus dem Vertrag von Tordesillas auszuloten, landete am 22. April 1500 an der Küste des nach seinem Farbholzreichtum später Brasilien genannten Landes, das er nach sorgfältiger astronomischer Lageberechnung für Portugal in Besitz nahm. Nach wenigen Tagen der Erkundung des Landes und unter großem religiösen Zeremoniell organisierter Kontaktaufnahme mit den Ureinwohnern sandte Cabral ein Schiff zur Berichterstattung an die Krone nach Portugal zurück, ließ einen zum Tode verurteilten Seemann unter den Eingeborenen zurück und setzte seine Fahrt nach Indien fort. Eine umgehend von der Krone nach Brasilien entsandte Erkundungsexpedition kehrte mit der Nachricht zurück, daß das neu aufgefundene Land außer Farbholz wenig zu bieten habe. Die Krone beschränkte sich daher in der Folgezeit darauf, in Verfolgung ihrer früheren Politik Kaufleuten Lizenzen zur Ausbeutung des Farbholzreichtums zu erteilen. Die von Cabral angewandte Taktik, einen Sträfling an der Küste zurückzulassen, erwies sich dagegen später, als die Kolonisation des Landes in Angriff genommen wurde, als sehr weitblickend, denn dort gelang es den Portugiesen mit landsmannschaftlicher Vermittlung schnell, sich mit der einheimischen Bevölkerung zu arrangieren, was sich als eine unverzichtbare Voraussetzung für eine erfolgreiche Niederlassung erwies.

Bereits 1502 unternahm Vasco de Gama – nun als „Admiral Indiens" – eine zweite Fahrt mit insgesamt 20 Schiffen. Er sollte nicht nur den Gewürzhandel und die beiden inzwischen an der indischen Küste in Cochin errichteten Handelsfaktoreien, sondern auch durch Bewachung der Einfahrt ins Rote Meer die portugiesischen Seewege im Indischen Ozean schützen. Dies erwies sich als notwendig, da die ägyptischen Mameluckenherrscher, die wesentlich am asiatischen Zwischenhandel mit Gewürzen verdient hatten, mit Unterstützung der Venezianer eine Flotte im Roten Meer aufbauten, mit der die Portugiesen aus dem Indischen Ozean vertrieben werden sollten. Portugal entsandte nun jährliche Flotten, um seine Stellung im Indischen Ozean militärisch zu festigen und die Konkurrenz im Gewürzhandel auszuschalten. 1505 wurde der Estado da Índia als eigene Verwaltungseinheit gegründet und Francisco de Almeida unterstellt, der erstmals den Titel „Vizekönig" erhielt und damit auch nach außen mit allen königlichen Machtvollkommenheiten ausgestattet wurde. Trotz verschiedener militärischer Rückschläge gelang es ihm und Afonso de Albuquerque, bis zum Beginn des zweiten Jahrzehnts des 16. Jahrhunderts die portugiesische Position in Indien und im Indischen Ozean auszubauen und durch Umschiffung Indiens bis zu den Gewürzinseln, den Molukken, ja sogar bis Ostasien vorzustoßen. 1511 eroberten die Portugiesen Malakka und bauten es zum zentralen Stützpunkt des portugiesischen Gewürzhandels aus, 1515 wurde Timor und 1516 Kanton erreicht. Tomé Pires wurde jedoch als erstem Portugiesen die Rückkehr aus China nicht gestattet. Erst im Gefolge der Ankunft der Jesuiten in Ostasien vermochte Portugal schließlich 1554 mit Macao einen Stützpunkt in China zu erlangen, der erst im Jahre 2000 als letztes Gebiet des portugiesischen Imperiums in Asien an China zurückgegeben wurde.

Nachdem der Spanier Vasco Núñez de Balboa 1512 in Panama den Pazifischen Ozean entdeckt hatte und schließlich die 1519 unter dem Befehl des Portugiesen in spanischen Diensten Fernão de Magalhães begonnene Suche des westlichen Seeweges zu den Gewürzinseln zur Überquerung des Pazifiks, der Entdeckung der Philippinen und schließlich der unter Sebastián Elcano vollendeten ersten Erdumseglung geführt hatte, trafen portugiesische und spanische Interessen erneut aufeinander. Portugal, inzwischen vor Brasilien zunehmend mit französischen Korsarenangriffen konfrontiert, suchte wiederum den Ausgleich mit Spanien, das inzwischen von dem Habsburger Karl V. regiert wurde. 1525/26 wurde zunächst die Heirat Karls mit der portugiesischen Prinzessin Isabella vereinbart und in Sevilla gefeiert, bevor sich beide Kronen 1529 im Vertrag von Zaragoza auch in Asien auf eine Abgrenzung ihrer beiderseitigen Interessen einigten, und zwar wiederum durch eine Nord-Süd-Linie, die zwischen den Philippinen und der Inselwelt des heutigen Indonesien verlief und der zufolge die Philippinen und die Schiffahrtsrechte im Pazifik an Spanien fielen, während westlich dieser Linie portugiesisches Einflußgebiet sein sollte. In diesem Fall agierten beide Vertragspartner als „Weltmächte“, verzichteten auf die Absicherung durch das Papsttum und teilten den Globus in dem Bewußtsein unter sich auf, daß jede der vertragschließenden

Parteien ihre Rechte gegenüber Dritten politisch oder militärisch würde durchsetzen müssen.

Die damit gegebene enge Beziehung zwischen den beiden iberischen Reichen komplizierte Portugals Beziehungen mit Frankreich, dessen König Franz I. nach der Niederlage von Pavia 1525 eine Reihe von Jahren als Gefangener Karls V. in Spanien weilte. Zu dieser Zeit war der sich seit etwa 1510 verschärfende Kaperkrieg der Franzosen gegen Portugal im Atlantik längst in vollem Gang, ja man darf auch unterstellen, daß die Annäherung Frankreichs und Venedigs an die Türken nicht nur mit der Bedrohung Frankreichs durch Habsburg und das mit ihm alliierte Portugal, sondern auch mit den portugiesischen Versuchen, über das Rote Meer und den persischen Golf die islamischen Mächte des östlichen Mittelmeerraums in Bedrängnis zu bringen, zusammenhing. Botschafter König Emanuels brachten diese Absichten vor dem Papst mehrfach offen zur Sprache.

Seefahrer aus der Normandie, die an die Küste Brasiliens fuhren, um Farbholz für die aufblühende Textilindustrie zu beschaffen, nutzten, gestützt auf königliche Kaperbriefe, jedenfalls jede Gelegenheit, um durch Überfälle den portugiesischen Handel zu behindern. Bis kurz vor 1530 hatten Franzosen bei den Azoren, Madeira, vor der brasilianischen Küste, ja selbst vor Nordportugal und Galicien mehr als 300 portugiesische Schiffe aufgebracht. Erst im Vertrag von Lyon vom 14. Juli 1536 kamen beide Mächte überein, ihre jeweiligen Häfen für Angehörige des jeweils anderen Landes zu öffnen, Übergriffe der beiderseitigen Seefahrer gegeneinander sollten vor den Gerichten des betroffenen Landes verhandelt und streng bestraft werden, man richtete schließlich sogar in Bayonne ein mit Vertretern beider Länder besetztes Tribunal ein, das solche Fälle untersuchen und ahnden sollte und das bis 1544 auch gut funktionierte. Die Verschärfung der Spannungen zwischen Frankreich und Habsburg führten seit 1545 erneut zur Eskalation der Auseinandersetzungen und zum offenen Kaperkrieg zwischen beiden Mächten, in dessen Verlauf französische Schiffe sogar in die portugiesischen Flußmündungen eindrangen und Städte und Dörfer angriffen und plünderten. Zwischen 1549 und 1558 kaperten Franzosen nicht nur mehr als 200 portugiesische Handelsschiffe, sondern es bemühte sich Nicolas de Villegaignon mit Unterstützung des Admirals Coligny sogar, in der Bucht von Rio de Janeiro eine französische Siedlung zu errichten, die erst 1560 von den Portugiesen endgültig besiegt werden konnte.

Interessant an diesen Auseinandersetzungen ist jedoch, daß die Franzosen noch für einige Zeit keine Anstrengungen machten, selbst bis Asien vorzudringen, sondern sich auf die Fahrt nach Brasilien beschränkten. Dies zeigt, daß sie sich an das oben erwähnte Gesetz von Zuladekapazität und Warenwert halten mußten. Die brasilianische Nordostküste war aufgrund der Wind- und Strömungsverhältnisse in Segeltagen nur etwa fünf Tagereisen weiter von den Iberischen Küsten entfernt als die Kanarischen Inseln. Dies erlaubte es, ein sperriges Gut wie Brasilholz gewinnbringend nach Frankreich zu transportieren. Fahrten an die Westküste Afrikas waren aufgrund der massiven portugiesischen Präsenz in den Faktoreien des Festlandes und auf den vorgelagerten Inselgruppen zu riskant, und andere wirtschaftliche Unternehmungen waren ohne feste Stützpunkte und Koloniegründungen nicht möglich. Vor diesem Hintergrund erweisen sich die bis ins 17. Jahrhundert zu verfolgenden Versuche Frankreichs, gerade an den Europa nächstgelegenen Küsten Nordostbrasiliens und damit im portugiesischen Einflußbereich Kolonien zu gründen, als interessanter Hinweis auf die französischen Interessen und Möglichkeiten.

Erfolgreicher unter den Rivalen Portugals waren hingegen Venedig und Genua, die zwar mit ihrer Politik, durch Stellvertreterkriege im Indischen Ozean gegen Portugal dieses aus Asien wieder zu verdrängen, keinen Erfolg hatten, denen es aber durch Verhandlungen mit den Türken und anderen alten Zwischenhändlern des Vorderen Orients gelang, Portugals frisch erworbenes Monopol im Gewürzhandel wieder aufzubrechen. Da die arabischen Zwischenhändler ihre Gewinnspannen reduzierten, konnten die Italiener etwa ab den 1540er

Jahren Gewürze wieder regelmäßig in größeren Mengen und zu Preisen anbieten, die denen der Portugiesen vergleichbar waren. Verantwortlich dafür waren vor allem Finanzierungsprobleme des portugiesischen Kronmonopols. Die Notwendigkeit, den Gewürzhandel über jährliche Flotten abzuwickeln, die zugleich in der Lage waren, die benötigte Seeherrschaft im Indischen Ozean zu sichern, zwang zur Errichtung eines zentral gesteuerten Monopols, um Finanzierung und Ausrüstung der Flotten zu gewährleisten. Der jährliche Rhythmus der Flotten erforderte aber auch, die Gewinne aus dem Gewürzhandel möglichst rasch zu realisieren, um flüssige Mittel verfügbar zu haben, die in die jeweils nächste Flotte investiert werden konnten. Dies erforderte wiederum, die Gewürze in größeren Partien an möglichst potente Händler abzugeben, die in Kenntnis dieser Verhältnisse ihrerseits erfolgreich die Preise drücken konnten. Über diese Mechanismen wurde schrittweise das portugiesische Monopol geschwächt, während die Italiener wieder stärker ins Geschäft kamen, so daß künftig mehr Händler an dem nach wie vor höchst lukrativen Geschäft partizipierten und Gewürze zugleich erschwinglicher wurden.

Die in bezug auf Frankreichs Absichten und Möglichkeiten genannten Faktoren haben auch dazu beigetragen, daß Portugal die Kolonisation der brasilianischen Küste in Angriff nehmen konnte und dabei ebenfalls im Nordosten, also in der Europa nächstgelegenen Region, bald die größten wirtschaftlichen Erfolge zu erzielen vermochte. Wirtschaftliche Krisenerscheinungen der atlantischen Inselwelt Portugals, bedingt durch Bodenerschöpfung, die zum Rückgang der Erträge führte, aber auch die französischen Vorstöße an der Küste Brasiliens hatten Portugal bereits Anfang der 1530er Jahre dazu veranlaßt, die Kolonisation Brasiliens einzuleiten. Die Krone griff dabei auf die schon von Heinrich dem Seefahrer erprobten Methoden zurück. Die brasilianische Küste wurde 1533/34 in 15 jeweils 50 Meilen breite Streifen eingeteilt, die durch parallel von der Küste aus ins Landesinnere verlaufende Trennlinien voneinander abgegrenzt wurden. Diese wurden an zwölf *donatários* als erbliche Lehen mit der Verpflichtung vergeben, für die Besiedlung des Landes zu sorgen. Das System erwies sich freilich bald als Fehlschlag, da es nur in zweien dieser *capitanias* gelang, eine erfolgreiche Kolonisation in Gang zu bringen, und zwar gerade da, wo es mit Hilfe von unter den Indianern lebenden Portugiesen gelungen war, die Duldung und gar Mithilfe der Eingeborenen zu sichern und darüber hinaus den Zuckerrohranbau mit der Verarbeitung des Zuckerrohrs in Gang zu bringen. In der Kapitanie São Vicente (um die Stadt Santos) erfolgte dies mit Kapital des in Antwerpen ansässigen, aus Deutschland stammenden Handelshauses der Schetz, die 1537 einen einschlägigen großen Betrieb in eigener Regie übernahmen. Fortschritte machte die Kolonisation Brasiliens jedoch erst, als die Krone 1559 ein Generalgouvernement mit Sitz in Bahia und eine ihm beigeordnete zentrale Finanz-, Justiz- und Militärverwaltung einrichtete, gleichzeitig die kirchliche Organisation in Angriff genommen wurde und erste Jesuitenmissionare nach Brasilien gelangten. Mit Hilfe des Zuckeranbaus und zunehmend direkt importierter schwarzafrikanischer Sklaven machte in der Folgezeit die erste große portugiesische Siedlungskolonisation deutliche Fortschritte.

Das portugiesische Weltreich des 16. Jahrhunderts gliederte sich mithin in zwei große Gebietskomplexe. Die Gebiete vom östlichen Afrika entlang der Küsten des Indischen Ozeans bis nach Malakka und kleinere, noch weiter östlich gelegene Vorposten bildeten den *Estado da Índia*. Dieser unterstand einem portugiesischen Vizekönig mit weitreichenden Befugnissen, dem Appellationsrichter *ouvidores*, oberste Finanzbeamte *(proveedor mor)* und untergebene Gouverneure einzelner Regionen, Stützpunkte und befestigter Plätze untergeordnet waren. Daneben stand dann der atlantische Raum, der keine einheitliche administrative Organisation besaß, die einzelnen Inselgruppen, Faktoreien und Koloniegründungen unterstanden vielmehr unmittelbar den Zentralbehörden des Mutterlandes und den von diesen eingesetzten Beamten. Lediglich Brasilien verfügte seit 1559 über eine zunächst noch embryonale Zentralverwaltung, die neben dem Generalgouverneur über einen *ouvidor geral* für die oberste Rechtsprechung, einen *provedor mor* als obersten Finanzbeamten und über einen Befehlshaber für den Küstenschutz verfügte. Die *Casa da Guiné e Índia* war die einzige zentrale Behörde für das portugiesische Kolonialreich, sie wickelte den gesamten Schiffsverkehrs und Kolonialhandel ab, rüstete die Flotten aus und war für Zollerhebung und Lizenzerteilungen zuständig.

4. Die Abhängigkeit Portugals von Spanien und England (1580 – ca. 1720)

Portugal hatte sich im ausgehenden 15. und im 16. Jahrhundert mehr und mehr Spanien und dem habsburgischen Weltreich angenähert, da es aufgrund seiner überseeischen Interessen zunehmend in die Lage geriet, diese nur gemeinsam mit Spanien gegen die immer heftigeren Angriffe französischer, später auch englischer und schließlich sogar holländischer Korsaren verteidigen zu können. Die Heiratsallianzen zwangen schließlich auch dazu, selbst in manchen innenpolitischen Fragen, wie etwa der Vertreibung der Juden oder der Einrichtung der Inquisition, gemeinsam zu agieren. Die um sich greifende Glaubensspaltung in Europa führte Portugal dann auch aus religiösen Gründen in das Lager der Alliierten des Habsburgischen Imperiums. Das im Zeichen der Reformation aufkommende „Blockdenken" in Europa ließ Portugal zunehmend weniger außenpolitische Alternativen, wie sie etwa noch zu Zeiten Alfons V. erkennbar waren. Die Versuche, mit Hilfe der Diplomatie fremde Angriffe auf portugiesische Positionen abzuwehren, waren zunehmend weniger erfolgreich.

Schließlich komplizierten die dynastischen Probleme des Hauses Avis die Lage noch mehr. König Emanuel hatte drei Söhne und eine Tochter, die später Philipp II. von Spanien heiratete, der mütterlicherseits aus dem Hause Avis stammte. 1521 bestieg sein Sohn João als Johann III. den Thron, auf den 1557 dessen einziger Enkel Sebastian folgte. König Johanns jüngerer Bruder Luís hatte lediglich einen illegitimen Sohn, und sein Bruder Henrique war in den geistlichen Stand getreten und wurde als Kardinal ein hoher kirchlicher Würdenträger. Als der junge Sebastian 1557 die Krone erbte, lebte von den legitimen Nachkommen des Hauses Avis außer der spanischen Verwandtschaft nur noch sein Großonkel, der Kardinalinfant Henrique, und der illegitime Cousin Antônio, Prior von Crato und damit Inhaber einer reichen Ritterordenpfründe. In dieser Situation erwies es sich als verhängnisvoller Fehler des jungen, kinderlosen Königs Sebastian, wohl beflügelt von dem christlichen Sieg gegen die Türken bei Lepanto, in der zweiten Hälfte der 1570er Jahre einen portugiesischen Angriff auf Marokko selbst anzuführen. Dabei kam Sebastian 1578 in der Schlacht von Alcazarquivir, die mit einer verheerenden Niederlage des portugiesischen Heeres endete, ums Leben. Seine Jugend und sein Tatendrang sowie die Tatsache, daß sein Leichnam nicht gefunden wurde, gaben in der Folge Anlaß zur Mythenbildung in Portugal (*Sebastianismo*). Auf Sebastian folgte der betagte Kardinal Henrique, der als kinderloser Kirchenfürst keine dezidierten Schritte zur Regelung der Thronfolgefrage unternahm, wohl aber der legitimen Thronfolge Philipps II. zugeneigt zu haben scheint. Dies läßt sich zumindest daraus schließen, daß König Heinrich mit einem Abgesandten Philipps II. eine Abmachung traf, in der Philipp sich verpflichtete, im Falle seiner Thronfolge die Rechte und Privilegien des Königreiches Portugal zu respektieren. Als Heinrich dann am 31. Januar 1580 starb, hinterließ er keine testamentarische Nachfolgeregelung.

Als Thronprätendent war Philipp II. von Spanien der Kandidat der Legitimität, da er der nächste legitime Verwandte des portugiesischen Königshauses war, der wohl auch deshalb vom Adel favorisiert wurde. Der Prior von Crato dagegen, der ebenfalls in der Schlacht in Marokko gefangengenommen worden war, aber rechtzeitig freikam, genoß in Portugal die Sympathie eines Teils der städtischen Schichten. Die portugiesische Historiographie, welche die spanische Erbfolge stets überwiegend negativ gesehen hat, bezeichnet ihn dagegen häufig als den Thronbewerber, der die „nationalen Sympathien" genossen habe (z. B. Joaquim Veríssimo Serrão, 1992). Angesichts der unsicheren Situation setzte Philipp II. im Juni 1580 den Herzog von Alba mit einer Armee nach Portugal in Marsch und ließ in der Mündung des Tejo eine spanische Flotte patroullieren. Der Grenzübertritt Albas löste verschiedentlich antispanische, „nationale" Reaktionen aus. In Santarém wurde der Prior von Crato sogar zum König ausgerufen. Die ihn unterstützenden, unorganisierten Kräfte wurden jedoch am 25. August von Alba militärisch geschlagen, woraufhin der Prätendent über Nordportugal nach Frankreich ins Exil floh.

Im April 1581 wurde Philipp II. von einer Ständeversammlung in Tomar zum neuen König gewählt, nachdem er abermals persönlich das feierliche Versprechen abgegeben hatte, die Rechtsordnung Portugals zu respektieren, die Verwaltung beider Reiche strikt voneinander zu trennen und alle Ämter an Portugiesen zu vergeben. In Abwesenheit Philipps würde in Portugal entweder ein Angehöriger des Königshauses oder aber des hohen portugiesischen Adels die Regierung führen. Am Hof Philipps sollte eine zentrale Ratsbehörde eingerichtet werden, die den übrigen Räten für die einzelnen Teile des spanischen Riesenreiches ähneln und der ausschließlich Portugiesen angehören sollten. Spanischen Ratgebern, die vorschlugen, den Regierungssitz ganz nach Lissabon zu verlegen, um auf diese Weise die Reichseinheit zu festigen, folgte Philipp jedoch nicht.

Der Prior von Crato suchte sich mit französischer Hilfe auf den Azoren zu halten, wurde dort jedoch im Sommer 1582 besiegt. Im Herbst 1585 suchte er die Unterstützung Englands, nachdem sich infolge der Angriffe der britischen Seefalken auf die spanischen Positionen in Amerika die Beziehungen zwischen Spanien und England drastisch verschlechtert hatten. Als dann 1588 die Flotte von Königin Elisabeth die spanische *Armada Invencible* besiegt hatte, entsandte Elisabeth 1589 ihren Admiral Francis Drake mit einer Flotte nach Lissabon, um den Versuch zu unternehmen, den portugiesischen Prätendenten als König in Portugal zu installieren und auf diese Weise die Kronen Spaniens und Portugals zu trennen. Das Unternehmen scheiterte jedoch kläglich aufgrund von Fehlern der Invasionsstreitkräfte und am Widerstand Lissabons.

Die Lösung der Thronfolgefrage läßt erkennen, daß es 1580 in der portugiesischen Gesellschaft keinen bedeutenden Widerstand gegen die Thronfolge Philipps II. gab. Eine nationalistisch gesinnte portugiesische Historiographie des 19. und 20. Jahrhunderts war zwar bemüht, anhand des Priors von Crato und seiner Aktionen den Nachweis zu führen, daß diese Widerstandsbereitschaft durchaus bestanden habe und nur durch massive militärische Intervention Spaniens Portugal erobert und dem spanischen Imperium eingegliedert worden sei. Dieser Versuch, gewissermaßen historisch die spätere Unabhängigkeitsbewegung des 17. Jahrhunderts zu legitimieren, geht aber um 1580 an den Realitäten vorbei.

Seit den Zeiten König Emanuels hatte sich das soziale und politische Klima in Portugal vor allem in Folge der Turbulenzen um die Zwangskonvertierung der Juden deutlich verändert. Wie in Spanien existierte der Gegensatz zwischen Alt- und Neuchristen, die diskriminiert wurden. Dies war aber vor allem ein Problem mittlerer, städtischer Schichten. Der Adel hatte diesbezüglich weniger Vorurteile, wie sogar das Beispiel des Priors von Crato erkennen läßt, dessen Mutter eine Neuchristin war. Die Inquisition trug natürlich zur Verschärfung dieser Gegensätze bei. Wesentlich ist dabei aber, daß die Diskriminierung der Neuchristen durchaus auch Rückwirkungen auf Altchristen haben konnte: Wer Beschäftigungen nachging, die früher charakteristisch für Juden waren, wurde nun unter Umständen allein deshalb schon als Neuchrist oder gar als heimlich praktizierender Jude diskriminiert, ja verfolgt. Auf diese Weise gerieten gerade die im Fernhandel, Geldgeschäft und bestimmten Handwerken tätigen Portugiesen unter einen kollektiven Verdacht. Umgekehrt wurden Landbesitz und damit zusammenhängende Tätigkeiten sozial aufgewertet, da

Grundbesitz seit alters her Juden untersagt war. Das im 16. Jahrhundert eher den Adel begünstigende Königtum trug zu dieser Aufwertung alter Werte wohl ebenso bei wie der Erfolg der portugiesischen Expansion selbst. Der hohe Gewinne erzielende internationale Gewürzhandel lief aufgrund der skizzierten Handelsmechanismen weitgehend an der Bevölkerung vorbei und dürfte eher Neid und Mißgunst unter den breiteren Bevölkerungsschichten hervorgerufen haben, und die in Übersee reich gewordenen und von dort nach Portugal zurückkehrenden Portugiesen lösten wohl ähnliche Reaktionen aus. Die sozialen Gegensätze verschärften sich so im 16. Jahrhundert, während traditionelle Werte erneuert wurden. Hinzu kam, daß zunehmend in Immobilien und Land und weniger in zukunftsorientierte Bereiche wie den Fernhandel investiert wurde.

Vor diesem Hintergrund hat die spanische Thronfolge nicht nur den portugiesischen Hochadel, sondern wohl auch wichtige Gruppen der städtischen Bevölkerungsschichten beflügelt. Für den Hochadel boten Hof und Regierung eines derart großen Imperiums einzigartige Perspektiven auf Ämter, Ehren und Pfründe. Der 1571 von Philipp II. und seinen Verbündeten erzielte Sieg bei Lepanto über die Türken beeindruckte sicherlich nicht nur die Geistlichkeit, sondern dürfte auch dazu beigetragen haben, die eher das portugiesische Weltreich und seine militärische Lage im Auge habenden Teile des Adels prospanisch gesinnt zu machen. Für die in Handel und Gewerbe tätige portugiesische Bevölkerung bot die Verbindung mit Spanien ebenfalls zahlreiche vorteilhafte Perspektiven. Neben neuen Märkten in Amerika dürfte für sie vor allem die Aussicht verlockend gewesen sein, nun endlich direkten Zugang zu den reichen Edelmetallvorkommen Spaniens in Amerika zu bekommen und damit die chronische Geldknappheit Portugals durch den eher defizitären Asienhandel und die militärischen Kosten für seine Sicherung überwinden zu können, wie überhaupt die weitgespannten Interessen des Landes eher eine weitere Öffnung als einen Rückzug auf engere, „nationale“ Interessen begünstigten. Im Jahre 1580 waren also die

Perspektiven einer Vereinigung mit Spanien wohl auch für Portugiesen überwiegend positiv.

Auch die insbesondere in Spanien im Gefolge des Konzils von Trient zunehmende religiöse Repression und die sie begleitenden sozialen Disziplinierungsmaßnahmen bildeten für die portugiesische Bevölkerung kein hinreichend starkes Motiv gegen die Verbindung mit dem Nachbarland, da die Räume in Übersee, in die man ausweichen konnte, nun erheblich größer und attraktiver wurden. Ein großer Teil der betroffenen Bevölkerung war ohnedies entweder bereits in die Kolonien gegangen oder operierte so großräumig, daß man nicht an den engen Raum Portugals gebunden war und rasch seinen Wohnsitz verlegen konnte, ohne dadurch geschäftliche Einbußen zu erleiden. Dazu verfügte Spanien in Amerika über zahlreiche gegenüber der als Freiraum empfundenen „Wildnis" offene Binnenräume, in denen vielfach sogar Edelmetalle gefunden wurden. Die heftige Kritik des Jesuitenordens an der „laxen Moral" der kolonialen Bevölkerung Brasiliens bestätigt diese Interpretation eindeutig. Da am Ende des 16. Jahrhunderts die meisten portugiesischen Familien sicherlich irgend jemanden aus der Familie, dem Dorf oder der Umgebung kannten, der in eine der außereuropäischen Kolonien ausgewandert war, oder von den Verhältnissen dort gehört hatten, darf unterstellt werden, daß die soziale und religiöse Ventilfunktion der Überseegebiete allgemein bekannt war.

Umgekehrt trug freilich auch der Umstand, daß die Gegner nunmehr durchweg Protestanten waren, dazu bei, zumindest im Mutterland zunächst einmal Opferbereitschaft im Kampf gegen die „Ketzer" zu mobilisieren. Es ist bezeichnend, daß die religiösen Orden in jener Zeit nicht nur hohen Zulauf hatten, sondern auch ihre Aktivitäten in den Kolonien intensivierten oder überhaupt erst dort tätig wurden. Beispielsweise sind erst nach 1580 die Bettelorden, die Benediktiner und die Karmeliten in Brasilien tätig geworden und gründeten neben den bereits länger vertretenen Jesuiten insbesondere in den portugiesischen Siedlungskolonien Klöster, soziale Einrichtungen und Bildungsstätten. Diese Entwicklung war eine Folge der nach dem Abschluß des Konzils von Trient intensiv einsetzenden Gegenreformation mit ihrer Intensivierung von Heidenmission, Rekatholisierung protestantischer Gebiete und den damit verbundenen Maßnahmen zur Intensivierung der religiösen und sozialen Disziplinierung der Bevölkerung.

Schon wenige Jahre später dürften die Perspektiven der Personalunion mit Spanien in Portugal trotz der gemeinsamen Front gegen den Protestantismus wohl weitaus skeptischer beurteilt worden sein, als mit der Unabhängigkeitserklärung der Niederlande und deren beginnendem Ausgreifen im Atlantik, mit der Niederlage der spanischen Armada im Ärmelkanal 1588 und nun nochmals verstärkten Angriffen auf die spanischen Verbindungswege zur See die Lage des Weltreiches langsam kritischer wurde. Dies manifestierte sich auch 1596 im Vertrag von Greenwich, als Heinrich IV. von Frankreich, die Vereinigten Provinzen der Niederlande und England einen Bündnisvertrag schlossen, der nicht nur die internationale Anerkennung der Niederlande bedeutete, sondern auch eine klar antispanische Stoßrichtung hatte. Erstmals gab es in einer Region, die seit dem Mittelalter ein traditionelles Absatzgebiet für portugiesische Waren darstellte und große portugiesische Kaufmannskolonien beherbergte, ein Bündnis, das sich deutlich gegen – das mit Spanien vereinigte – Portugal richtete. Im selben Jahr gelang zudem einer englischen Flotte ein empfindlicher Schlag gegen die spanische Hafenstadt Cádiz, über das die europäischen Waren nach Amerika und die amerikanischen Edelmetalle nach Europa gelangten. Spätestens zu diesem Zeitpunkt dürften in Portugal die Zweifel an der Verbindung mit Spanien und die Sorge über die eigene militärische Verwundbarkeit stärker geworden sein.

Hinzu kam, daß die Niederlande seit den 1590er Jahren immer weiter in den Atlantik vorstießen, eine Handelskompanie für Ostindien gründeten und die geeignetsten Formen der Kriegsführung gegen den übermächtig scheinenden spanischen Gegner diskutierten. Während Frankreich – aufgrund der prekären inneren Balance zwischen Protestanten und Katholiken – und England – wegen der Erbfolge der Stuarts – vorübergehend für Spanien weniger bedrohlich waren, übernahmen nun die protestantischen Niederlande die Führung im Kampf zur See gegen das habsburgische Imperium. In der dort offen geführten Diskussion über die gegen Spanien einzuschlagende Taktik gewannen nach und nach die Stimmen die Oberhand, die für die Bekämpfung Spaniens auf seinen atlantischen Verbindungswegen eintraten, da man auf diese Weise den Gegner zu einer Zersplitterung seiner Kräfte zwingen und gleichzeitig den für die Finanzierung von Spaniens Kriegsführung so wichtigen Überseehandel stören konnte. Schon beim Tod Philipps II. im Jahr 1598 waren die ersten Krisenerscheinungen unübersehbar. Spanien hatte Mühe, seine Truppen in den Niederlanden, den Festungsbau im Nordwesten des Landes und in Übersee sowie die beiden festen Flotteneinheiten im Atlantik und im Mittelmeerraum zu bezahlen. 1598 bis 1602 zog die Pest über die Iberische Halbinsel und traf Spanien ebenso wie Portugal, dazu kamen seit Beginn des Jahrhunderts wiederholt kühle oder zu trockene Jahre, die zu schweren Einbußen bei den landwirtschaftlichen Erträgen und Versorgungsengpässen führten. 1609 mußte Spanien einen auf 12 Jahre befristeten Waffenstillstand mit den Niederlanden abschließen, der erkennen läßt, wie sehr das Imperium inzwischen geschwächt war.

1621 brach der Krieg zwischen Spanien und den Niederlanden erneut aus und mündete in den Dreißigjährigen Krieg. Im selben Jahr gründeten die Niederlande die Westindische Kompanie (WIC) mit dem dreifachen Ziel, die atlantischen Verbindungswege des Gegners zu stören, selbst gewinnbringenden Handel zu treiben und schließlich auch eigene Kolonien zu erwerben. Portugal und seine überseeischen Gebiete wurden zu den vielleicht am stärksten von der niederländischen Kriegsführung in Mitleidenschaft gezogenen Atlantikanrainern. Die niederländischen Angriffe richteten sich gegen die portugiesische Seefahrt und portugiesische Stützpunkte: 1624 wurde in einem Überraschungsangriff Bahia, die Hauptstadt des portugiesischen Brasilien, eingenommen, bald darauf allerdings von einer portugiesisch-spanischen Flotte zurückerobert, und nach wechselvollen Kämpfen im Atlantik gelang es den Niederländern, sich im brasilianischen Nordosten, in Pernambuco, festzusetzen. 1628 kaperte Piet Hein die ganze spanische Silberflotte mit einem Beutewert von 14 Millionen Gulden auf der Rückfahrt nach Europa; im Gegenzug verstärkte Spanien seinen militärischen Geleitschutz für die kriegsentscheidenden Amerikaflotten und entblößte dafür die übrigen Verbindungswege, die aber überwiegend portugiesische Handelsinteressen berührten. Auf der anderen Seite leitete der „Premierminister" des jungen spanischen Königs Philipp IV., der Conde-Duque de Olivares, eine finanzielle Konsolidierungspolitik der durch Überschuldung und Geldentwertung hoffnungslos zerrütteten Staatsfinanzen ein. Diese zielte vor allem darauf ab, alle Reichsteile stärker an den Kriegslasten zu beteiligen, so daß die Steuerlast für Portugal ebenfalls anstieg, während aber der Schutz seiner Überseeinteressen eher verringert wurde. Diese Maßnahmen hatten Unruhe und sogar Aufstandsversuche in Portugal und anderen Reichsteilen, etwa dem Baskenland und Katalonien, zur Folge. Vor allem in den Randgebieten Spaniens begann die Stimmung deutlich gegen die Politik der Krone umzuschlagen.

Bis zum Jahre 1636 kaperten Schiffe im Dienste der Westindischen Kompanie im Atlantik etwa 700 spanische und portugiesische Schiffe. Im selben Jahr entsandte die Kompanie Moritz von Nassau-Siegen als Gouverneur nach Brasilien, dem es gelang, den Nordosten als niederländische Kolonie zu konsolidieren. In Asien erzielte die niederländische Ostindienkompanie entscheidende Einbrüche in den *Estado da Índia* und konnte fast den ganzen Gewürzhandel an sich reißen. Je länger der Krieg dauerte, um so mehr drangen auch Engländer und Franzosen in portugiesische Interessengebiete ein, eroberten portugiesische Stützpunkte an der afrikanischen Küste und rissen erhebliche Anteile am bis dahin nahezu ausschließlich portugiesischen Handel mit afrikanischen Sklaven an sich. Der Mittel- und Südatlantik, den sich Spanien und Portugal in Tordesillas 1494 untereinander in exklusiv zu befahrende und zu nutzende Einflußgebiete aufgeteilt hatten, wurde so immer mehr zu einem internationalen Gewässer, womit sich die Forderung des niederländischen Rechtsgelehrten Hugo Grotius nach einem „mare liberum“ im Gegensatz zur iberischen Auffassung des „mare clausum“ erfüllte. Als schließlich 1639 die Niederländer an der Einfahrt zum Ärmelkanal die spanisch-portugiesische Atlantikflotte, die immer mehr von Lissabon aus operiert hatte, vernichtend schlugen, war dies das Signal zu einer Reihe von Aufständen gegen die Krone Spaniens. Die wichtigsten davon waren 1640 der Aufstand der Katalanen und die Verschwörung, die zum Abfall Portugals führte.

In Portugal herrschte infolge der Steuererhöhungen und der verheerenden Rückschläge für die portugiesischen Handels- und Wirtschaftsinteressen in Übersee längst eine antispanische Stimmung, die sich in einer Fülle von Schmähschriften und antispanischen Pamphleten niederschlug. 1637 kam es zu einem Aufstandsversuch gegen die Verbindung mit Spanien, der aber niedergeschlagen werden konnte, obwohl Spanien in Portugal keine eigenen Truppen unterhielt. Der portugiesische Adel war auch in dieser ernsten Lage noch daran interessiert, das Gesetz des Handelns zu behalten und sich nicht von „spontanen“ Volksbewegungen überrollen zu lassen. So kam es 1640 auch nicht zu einem Volksaufstand wie in Katalonien, sondern zu einer Adelsverschwörung gegen die spanische Herrschaft. Drohende Zwangsaushebungen in Portugal für das Heer Philipps IV. ließen die Gefahr massiver Arbeitskräfteknappheit auf den Ländereien des Adels entstehen. Erst jetzt entschlossen sich die führenden Köpfe zum Handeln. Sie bedrängten Herzog Johann von Braganza, aufgrund seiner ausgedehnten Herrschaften und Besitzungen und familiären Beziehungen zum ausgestorbenen Königshaus der Avis das weithin respektierte Oberhaupt des portugiesischen Adels, die Unabhängigkeit von Spanien zu erklären und die portugiesische Krone anzunehmen. Erst nach langem Zögern erklärte der Herzog sich dazu bereit, an die Spitze dieser Bewegung zu treten. Am 1. Dezember 1640 wurde die spanische Vizekönigin Margarethe von Savoyen, eine Cousine König Philipps IV., gefangengenommen, Herzog Johann von Braganza als Johann IV. zum portugiesischen König proklamiert und die Verbindung mit Spanien für beendet erklärt. Der Schritt fand zwar breite Zustimmung in der Bevölkerung, stieß aber auch auf die entschiedene Gegnerschaft einflußreicher Kreise in Portugal. Große Teile des Adels und des hohen Klerus, die unter spanischer Herrschaft aufgestiegen waren, und die Inquisition waren ebenso gegen die Unabhängigkeit Portugals eingestellt wie das Papsttum, das in der Beendigung der iberischen Einheit eine entscheidende Schwächung des katholischen Lagers in der gesamteuropäischen Auseinandersetzung mit dem Protestantismus sah. Auch wichtige Teile der Großkaufmannschaft mißbilligten die Unabhängigkeit, vor allem wenn sie unter der Flagge der iberischen Einheit Investitionen in Spanisch-Amerika getätigt hatten. Die Zahl derer, die im traditionell spanischen Einflußbereich in Amerika nicht nur investiert, sondern sich auch niedergelassen hatten, war sehr hoch, wie eine spanische Erhebung der Folgejahre erkennen läßt, die mit dem Ziel der Vertreibung der Portugiesen aus dem spanischen Herrschaftsbereich angeordnet wurde. Offenbar war trotz aller Rückschläge, welche die gesamtiberischen Positionen in Amerika, Afrika und Asien erlitten hatten, ein wichtiger Teil der Kaufmannschaft nach wie vor der Meinung, daß Handelsinteressen offene Grenzen und nicht eine „nationale" Abschottung erforderten.

Der Konflikt zwischen Anhängern und Gegnern der Unabhängigkeit strahlte kaum in die portugiesischen Überseebesitzungen aus. Diese waren während des Dreißigjährigen Krieges mehr oder weniger sich selbst überlassen geblieben und waren es gewohnt, ihre eigenen Belange weithin selbst zu regeln, ja, im fernen Osten hatten portugiesische Amtsträger bereits früher gelegentlich Abkommen mit den europäischen Gegnern geschlossen, um gemeinsam mit regionalen Problemen fertig zu werden. Verschiedentlich war dort sogar eine rudimentäre christlich-europäische Solidarität spürbar. Entscheidend dafür, daß sich die portugiesischen Außenposten nicht gegen den neuen König stellten, dürfte der Jesuitenorden gewesen sein, der sowohl in Portugal selbst als auch in den Überseegebieten die neue Dynastie und damit die neuen politischen Gegebenheiten ohne Rücksicht auf die Haltung des Papsttums unterstützte. Man wird sogar fragen müssen, welche Bedeutung die Loyalität der portugiesischen Überseegebiete gegenüber König Johann IV. für die Behauptung der neuen Dynastie und der Selbständigkeit Portugals hatte. Vor allem Brasilien sollte diesbezüglich wenige Jahre später noch eine bedeutende Rolle spielen.

Da Spanien, wenn auch zunächst durch den Aufstand der Katalanen in Anspruch genommen, nicht bereit war, die Unabhängigkeit Portugals zu akzeptieren, und es in Portugal selbst eine durchaus ernst zu nehmende Opposition gegen die Rückkehr zur Eigenständigkeit gab, mußte Johann IV. sich zunächst einmal um die Konsolidierung seiner Herrschaft bemühen. Schon 1641 wurde eine von hohen Vertretern der Inquisition und einigen Adeligen betriebene Verschwörung gegen die Unabhängigkeit aufgedeckt. Eine wesentliche Hilfe für die neue Herrschaft war der Umstand, daß sich die zentrale Verwaltung in Portugal überwiegend auf die Seite König Johanns stellte, so daß dieser im Herrschaftsapparat wesentliche Unterstützung fand. Daneben mußten aber die Machtmittel des Staates wieder erneuert werden: Von wenigen Schiffseinheiten abgesehen, verfügte Portugal über keine Flotte und auch über keine Armee. Um beides aufbauen zu können, benötigte man Geld. In Steuerfragen und anderen wichtigen Problemen dieser Art drangen selbst die Betreiber des Aufstandes auf die Mitwirkung der Stände und wehrten sich gegen jede Tendenz zum Absolutismus, so daß Johann IV. innenpolitisch weitaus weniger Manövrierraum besaß als vor ihm Philipp IV. Der Adel wollte in allen Dingen seine ausschlaggebende Rolle im Königreich sowohl gegenüber der Krone als auch gegenüber den städtischen Kaufmannsschichten beibehalten.

Auch außenpolitisch vermochte Portugal zunächst keine größeren Erfolge zu erzielen. Katholische Mächte verzichteten schon deshalb auf Verhandlungen mit Portugal, da das Papsttum solche Schritte mit dem Bann bedrohte. Frankreich, das als Gegner Spaniens unter Umständen bereit gewesen wäre, sich über päpstliche Verbote hinwegzusetzen, sah sich mit der Fronde einem ernsthaften inneren Konflikt ausgesetzt und war infolge der Minderjährigkeit Ludwigs XIV. und der dadurch bedingten Regentschaft ohnedies nur eingeschränkt handlungsfähig, ließ sich aber immerhin zur Duldung der portugiesischen Krone gewinnen. 1641 konnte zwar ein Waffenstillstand mit den Niederlanden abgeschlossen werden, doch als sich die Ratifizierung verzögerte, nutzten die Niederländer die Frist, um wesentliche Eroberungen in Portugals Kolonialreich zu machen: Nachdem sie bereits 1637 die Handelsfaktorei El Mina erobert und sich an der Südspitze Afrikas festgesetzt hatten, eroberten sie nun Luanda in Angola und weitere Sklavenhandelsstützpunkte an der afrikanischen Küste. Erst danach wurde der Waffenstillstand ratifiziert. Portugiesische Verhandlungen mit Karl I. von England wurden vom englischen Bürgerkrieg unterbrochen. Obwohl König Johann IV. für die Sache des Stuart-Herrschers Partei ergriffen hatte, schloß er dann mit Cromwell einen Vertrag, in dem er den Protestanten weitreichende Zugeständnisse auf portugiesischem Gebiet machte. Nachdem Portugals neues Herrscherhaus in den Jahren nach 1640 wenigstens die Duldung durch die wichtigsten Gegner Spaniens erreicht hatte und Spanien in Vorverhandlungen mit seinen Gegnern um eine Friedenslösung eingetreten war, mußte Portugal weiterhin zunächst keine ernsthaften Angriffe aus Spanien erwidern, blieb aber außenpolitisch marginalisiert.

Nun kam von anderer Seite Bewegung in die verfestigten atlantischen Konfliktlagen. 1644 verließ Moritz von Nassau Brasilien, wo sehr bald die Konflikte wieder ausbrachen, die Moritz mit Hilfe einer geschickten und auf Toleranz setzenden Ausgleichspolitik mühsam hatte beilegen können. Der Mulatte Fernandes Vieira, ein reicher Pflanzer, leitete den Aufstand gegen die niederländischen Kolonisten ein, erreichte mit seiner schlecht bewaffneten Truppe erste militärische Erfolge gegen die Niederländer und organisierte einen Guerillakrieg gegen die Kolonialmacht, der sehr bald dazu führte, die niederländische Herrschaft auf ihre befestigten Plätze zu beschränken.

Seine Erfolge veranlaßten die Verwaltung des portugiesisch gebliebenen Brasilien in Bahia zur Unterstützung der Aufständischen. Der Lissaboner Zentralregierung war dieses eigenständige Handeln ganz und gar nicht recht, nachdem man gerade mühsam auf dem Verhandlungsweg zu einem Waffenstillstand mit den Niederlanden gelangt war und Friedensverhandlungen zur Beilegung des Konfliktes in Brasilien abgesprochen hatte. Als dann von Brasilien aus auch noch die Rückeroberung Angolas von den Holländern organisiert und durchgeführt wurde, war dies für die in Europa verhandelnde Lissaboner Regierung beinahe ein Affront, bedeutete aber bei den Mächten, mit denen man verhandelte, eher eine Stärkung der Verhandlungsposition, da man daraus den Schluß einer verbreiteten portugiesischen Solidarität zog. Die Kämpfe in Brasilien gingen weiter, und im Januar 1654 mußte Recife als letzter holländischer Stützpunkt in Brasilien kapitulieren und die Besatzung abziehen – das vielleicht erste bedeutende Beispiel in der Geschichte des europäischen Kolonialismus, in dem eine Kolonie ohne Koordination mit dem Mutterland die europäische Politik konterkarierte.

Nach dem Westfälischen Frieden im Jahre 1648 dauerte der Krieg zwischen Frankreich und Spanien um Katalonien an und hinderte Spanien weiterhin daran, energische Versuche zur Rückeroberung Portugals zu unternehmen. Je länger diese Situation andauerte, um so mehr konsolidierte sich die neue Dynastie nach innen und außen, auch wenn sie dabei immer mehr in das Fahrwasser adeliger Herrschafts- und Machtansprüche geriet. Diese Lage verschärfte sich vor allem nach dem Tod Johanns IV. im Jahre 1656, als die Witwe des Königs die Regentschaft übernehmen mußte. Als 1659 Frankreich und Spanien den Pyrenäen-Frieden schlossen, spitzte sich die Lage für Portugal infolge eines zu erwartenden Großangriffs von Spanien erneut zu. In dieser Situation gelang ein diplomatischer Durchbruch, als mit dem in England kurz zuvor an die Regierung gekommenen Karl II. 1660 ein Vertrag geschlossen werden konnte, der die Heirat König Karls II. mit Katharina von Braganza vorsah und den Portugiesen gestattete, gegen

Zusicherung religiöser Toleranz in England Söldner anzuwerben und 24 Schiffe für den Transport zu chartern, um mit dieser Hilfe dem zu erwartenden spanischen Angriff widerstehen zu können. Die finanziellen Kosten dieses Vertrages waren hoch und belasteten den portugiesischen Fiskus lange Zeit, doch lohnte die Investition, denn mit Hilfe der Söldnertruppen gelang es, eine spanische Armee, die in Portugal eingefallen war, zurückzuschlagen.

Erneute spanische Angriffe führten schließlich dazu, daß eine Gruppe jüngerer Adeliger, die sich an Frankreich und seiner absolutistischen Herrschaftsform orientierte, die Regentin ihrer Funktionen entband und dem jugendlichen Grafen Castelo Melhor die Führung der Regierungsgeschäfte übertrug. Der Thronfolger, wohl nicht regierungsfähig, wurde nominell zum König erhoben. Mit Hilfe einer bunt zusammengewürfelten Söldnerarmee unter der Führung des begabten Heerführers Marschall Schomberg konnte Portugal in der Folge gegen die spanischen Truppen zur Offensive übergehen und sich 1665 militärisch durchsetzen. 1667 übernahm Peter, der jüngere Sohn König Johanns IV., nach einer Palastrevolution gegen die französische Partei unter Castelo Melhor die Regentschaft für seinen als behindert erklärten Bruder König Alfons, der auf die Azoren in sicheren Gewahrsam verbracht wurde. 1668 erkannte schließlich Spanien Portugals Unabhängigkeit und damit auch die neue Dynastie der Braganza endgültig an und behielt von den ehemals portugiesischen Besitzungen lediglich die marokkanische Stadt Ceuta. Der Regent und spätere König Peter führte Portugal in eine politische Allianz mit England, die bald zu einer festen Konstante in der portugiesischen Politik werden sollte. In den beiden 1703 ausgehandelten Methuen-Verträgen geriet Portugal dann endgültig militärisch und wirtschaftlich in englisches Fahrwasser. Für ein kleines Königreich mit so weitgespannten maritimen und kolonialen Interessen wie Portugal war in der inzwischen entstandenen europäischen Pentarchie eine eigenständige Politik nicht mehr möglich und eine Anlehnung an eine der – maritimen – Großmächte der Zeit notwendig. Spanien war als

Großmacht ausgeschieden, die Niederlande nach den Kriegen gegen England in der zweiten Hälfte des 17. Jahrhunderts ebenfalls, so daß Portugal sich zwischen Frankreich und England als Bündnispartner entscheiden mußte. Als 1700 die Dynastie der Bourbonen in Spanien den Habsburgern folgte und darüber ein großer europäischer Krieg ausgebrochen war, hatte Portugal kaum eine andere Wahl, als sich mit England zu arrangieren.

Mit der politischen Anlehnung an England gehorchte Portugal aber nicht nur außenpolitischen Zwängen, sondern auch innenpolitischen und vor allem wirtschaftlichen Notwendigkeiten. Obwohl die Bevölkerung des Landes bis zur Mitte des 17. Jahrhunderts nur geringfügig auf etwas mehr als eine Million angestiegen war, hatte sich das Land in vieler Hinsicht zu einem reinen Agrarland unter der politischen Kontrolle eines landbesitzenden und traditionalistisch gesinnten Adels zurückentwickelt. Das Gewerbe lag am Boden, Portugal hatte nicht nur keine Schiffe, sondern auch keine nennenswerte Schiffbauindustrie mehr. Entsprechend waren auch der Fischfang und der Trockenfischexport zurückgegangen, ja, selbst der Getreideanbau reichte nicht annähernd aus, um die Bevölkerung zu ernähren. Der landbesitzende Adel hatte sich auf den Export von Wein und Südfrüchten, Rohwolle und Rohseide verlegt, daneben war nur noch die Salzgewinnung ein wichtiger Exportfaktor. Da andererseits Textilien und andere Fertigwaren eingeführt werden mußten, war der portugiesische Außenhandel chronisch defizitär und konnte nur durch den Export kolonialer Erzeugnisse wie des brasilianischen Zuckers und die auf dem Kolonialhandel lastenden Steuern ausgeglichen werden.

Die politische Führung unternahm alle nur möglichen Anstrengungen, um die Wirtschaft wiederzubeleben. Man bemühte sich sogar, die inzwischen vor allem nach Holland abgewanderten portugiesischen Juden wieder zu Investitionen in Portugal zu überreden, wofür sich der bedeutende portugiesische Jesuit Antônio Vieira einsetzte, doch mehr als hoch abgesicherte Kredite erreichte man nicht, da sich kirchliche Kräfte,

Inquisition und Adel gegen diese Politik stellten. 1648 gelang mit Hilfe dieser Kredite zwar die Errichtung einer privilegierten Handelsgesellschaft für Brasilien und die Bereitstellung der dafür erforderlichen Schiffskapazitäten, doch war ein längerfristiges Engagement aufgrund der innerportugiesischen Opposition nicht zu erreichen. Diese Gruppen wandten sich gleichermaßen gegen die Förderung des Gewerbes und der Manufakturen im Innern, ja gegen jede Form merkantilistischer Politik, wie sie sich allenthalben in Europa durchzusetzen begann. 1675 publizierte der portugiesische Botschafter in Frankreich, Duarte Ribeiro de Macedo, einen „Diskurs über die Einführung des Gewerbes im Königreich", eine merkantilistische Schrift in der französischen Tradition, die einerseits die Schwächen der portugiesischen Wirtschaft erkennen läßt, andererseits verdeutlicht, wie umstritten die Probleme der Wirtschaftspolitik im Lande waren. Maßgebliche Politiker im Umfeld des Königs bemühten sich um die wirtschaftliche Modernisierung und die Gewerbeentwicklung, scheiterten aber meist trotz einzelner Erfolge immer wieder an der konservativen Allianz von Landadel und kirchlicher Hierarchie, die in den Modernisierungsbemühungen einen Angriff auf ihren Stand beziehungsweise die Rolle der Kirche sahen. Der ursprünglich so offene portugiesische Adel, dessen Verhalten die atlantische Expansion maßgeblich mitbegünstigt hatte, war nun ganz auf traditionelle, adelige Werte, die scheinbar religiös begründet waren, eingeschwenkt und wandte sich im Verein mit dem hohen Klerus gegen Neuerungen. Aber auch die im Import- und Exporthandel Lissabons engagierte Großkaufmannschaft zeigte wenig Interesse an dieser wirtschaftlichen Modernisierungspolitik, da eine „Importsubstitutionspolitik" in merkantilistischer Tradition ihre Stellung im Handel zu gefährden schien. Der Graf von Ericeira, einer der ökonomischen Modernisierer im Umkreis König Peters II., beging 1690, wohl aus Verzweiflung über die Vergeblichkeit seiner Bemühungen, Selbstmord.

Diese Situation trug erheblich dazu bei, Portugal auch wirtschaftlich in die Abhängigkeit von England zu treiben, da

England sich zu einem zuverlässigen Abnehmer von Portugals Produkten entwickelte und das Land zugleich mit den benötigten Fertigerzeugnissen versorgen konnte. Als im letzten Drittel des 17. Jahrhunderts die brasilianische Zuckerindustrie in eine Krise geriet und die Zuckerpreise verfielen, wurde die Lösung der defizitären Handelsbilanz Portugals zu einem großen Problem. England nutzte wohl auch aus außenpolitischem Kalkül diese Situation aus und steigerte die Abnahme portugiesischer Erzeugnisse. In Lissabon und Madeira, wo man inzwischen ganz zur Weinproduktion übergegangen war, entstanden privilegierte englische Händlerkolonien, denen Portugal religiösen Freiraum zugestehen mußte. Als 1697 in Brasilien Gold gefunden wurde, lockerte sich die Zwangslage Portugals zusehends. Aber noch bevor die Einnahmen aus den Goldfunden die späteren Dimensionen annahmen, die in Portugal neue Unabhängigkeitsbestrebungen begünstigen konnten, wurden 1703 die Methuen-Verträge geschlossen, die England und Portugal außen- und verteidigungspolitisch aneinanderbanden und zugleich die Märkte beider Länder für die Produkte des Vertragspartners öffneten und mit Vorzugszöllen begünstigten. Portugal erhielt damit sichere Absatzmärkte für seine Rohstoffe und verlor zugleich Anreize zur Modernisierung seiner Wirtschaft. Nach einem guten halben Jahrhundert politischer Unabhängigkeit hatte Portugal den Schritt von der totalen Abhängigkeit von Spanien zu einer engen Anlehnung an England getan, wodurch zumindest nach außen die Unabhängigkeit des Landes gewahrt schien – ein frühes Beispiel der Politik des englischen *indirect rule*.

5. Portugal an der Schwelle zur Moderne

Der Beginn des Edelmetallzyklus in der brasilianischen Geschichte des frühen 18. Jahrhunderts brachte für Portugal nicht nur die Lösung seiner Zahlungsprobleme, sondern auch eine neuerliche Auswanderungswelle aus dem dicht besiedelten Norden des Landes in das brasilianische Hinterland, in dem die Goldfunde gemacht wurden. Zugleich ermöglichte der Edelmetallboom Portugal auch, politisch, diplomatisch und militärisch die Führung der brasilianischen Expansionsbewegung in den Südwesten und Süden Amerikas zu übernehmen, nachdem bereits zuvor die brasilianischen *bandeirantes* die Erschließung des Landes in den Norden und Westen Südamerikas vorangetrieben hatten. Portugal stieß damit jenseits der 1494 in Tordesillas vereinbarten Linie weit in spanisches Gebiet vor, wo es auf einen zunehmend erstarkenden Gegner traf. Das mit England verbündete Portugal und das durch einen Familienpakt der bourbonischen Dynastien mit Frankreich verbündete Spanien trafen so im 18. Jahrhundert im Rahmen der Konflikte, die beide Machtblöcke miteinander ausfochten, in Amerika und verschiedentlich auch auf der Iberischen Halbinsel aufeinander. Ungeachtet dieser politischen Konstellation lassen sich die Auseinandersetzungen zwischen beiden Mächten aber nicht als „Stellvertreterkriege" bezeichnen, da die zwei iberischen Reiche Amerika und ihre dortigen Kolonien zunehmend als die für ihre Zukunft entscheidenden Weltregionen ansahen. Nachdem sie in Europa zu zweitrangigen Mächten abgestiegen waren, sahen sowohl Portugal als auch Spanien ihre jeweiligen Kolonialreiche als Vehikel zur Wiedererlangung ehemaliger Größe und als Instrumente, die es ihnen erlaubten, im Konzert der europäischen Mächte ein Eigengewicht und damit Einflußmöglichkeiten zu behalten. Bereits der Friedensschluß von Utrecht, der 1714 den Spanischen Erbfolgekrieg beendete, hatte beiden iberischen Reichen das enorme Interesse der Großmächte England und Frankreich am Kolonialhandel signalisiert, und zwar nicht nur mit den jeweils eigenen, sondern gerade auch mit den iberischen Kolonien, die weitaus dichter besiedelt waren und daher einen viel größeren Markt darstellten als die englischen und französischen Kolonien. Auch im Kontext der internationalen Diplomatie wurde Portugal und Spanien deutlich gemacht, daß die ausgedehnten Kolonialbesitzungen, über die sie beide verfügten, das entscheidende politische Pfund darstellten, mit dem sie international wuchern konnten, und daß davon letztlich auch ihr eigenes Wohlergehen abhing. Gleichwohl sollte es, wohl aufgrund der ethnischen Mischung der Kolonialbevölkerungen, noch etwa ein Jahrhundert dauern, bis die Kolonialgebiete klar erkannten, daß die Mutterländer immer mehr zu Parasiten wurden und sich Geben und Nehmen im Vergleich zur Zeit der Koloniegründung umgekehrt hatte.

Die Auswanderungswelle aus Portugal nach Brasilien – nur am Rande sei erwähnt, daß auch Spanien und sein Kolonialreich infolge gesteigerter Edelmetallproduktion eine ähnliche Entwicklung wie Portugal durchlief – führte in weiten Bereichen Brasiliens zu einer „Relusitanisierung", da in dem ethnisch gemischten Land europäische Abkunft zu erhöhtem Sozialprestige verhalf, wie im portugiesischen Mutterland der Mischcharakter der Kolonialgesellschaften Dünkel und unberechtigte Überlegenheitsgefühle auslöste. Außerdem förderte die Wanderungsbewegung eine soziale Entspannung in Portugals Norden, wo durch die ansteigenden Bevölkerungszahlen der Mangel an Land immer drängender wurde und die Löhne für die Landarbeit sanken.

Die im ersten Drittel des 18. Jahrhunderts rasch ansteigenden Gold- und Edelsteinfunde in Minas Gerais und anderen Binnenregionen Brasiliens brachten Portugals Herrscherhaus endlich auch den lang ersehnten finanziellen Handlungsspielraum, um die Macht des Königtums zu einer absolutistischen Herrschaft auszubauen. Johann V., der 1706 auf Peter II. gefolgt war und bis 1750 regierte, kam gänzlich ohne ständische Mitwirkung aus. 1697 waren die Stände letztmalig einberufen worden, und sie sollten erst wieder nach der politischen Gleichstellung Brasiliens (im Gefolge der Flucht des Königshauses vor Napoleon nach Brasilien) und dem Ende der politischen Vorherrschaft Napoleons in Europa an Macht und Einfluß in der Politik Portugals gewinnen. Der brasilianische Goldrausch spülte freilich Geld nur in die Kassen der Krone und einer dünnen Oberschicht, für die ein Goldenes Zeitalter anbrach, geprägt von einem luxuriösen Lebensstil, reger Bautätigkeit und einer kulturellen Blüte. Lissabon stieg erneut zu einer Metropole von internationalem Rang auf, die sich deutlich an französischem Geschmack orientierte und mit französischer Hofhaltung zu wetteifern suchte. Mit dem Bau des Palastes und Klosters Mafra suchte Johann V. eine moderne Symbolisierung der Einheit von Kirche und Staat in der Tradition Philipps II. und des Escorials zu errichten.

1750 starb Johann V., und unter seinem Nachfolger Joseph I. begann allmählich der brasilianische Edelmetallboom abzuflauen. Zugleich leitete der nahezu allmächtige Minister des neuen Königs, Sebastião José de Carvalho e Melo, bekannter unter seinem späteren Adelsnamen Marquês de Pombal, eine ehrgeizige Reformpolitik ein, die sich an west- und mitteleuropäischen Vorbildern orientierte. Pombal war dort zuvor in diplomatischer Mission tätig gewesen, hatte Kontakte geknüpft, intensiv politische Literatur gelesen und aufmerksam die Politik im jeweiligen Land beobachtet. Mit ihm kam eine Gruppe aufgeklärter Beamter an die Schalthebel der Monarchie, die als oberstes Ziel die Modernisierung Portugals auch gegen den Widerstand der alten Eliten und der Handelsbourgeoisie anstrebten. Diese schätzten die neue Politik keineswegs und kritisierten die Reformer als „unportugiesisch" und „auslandsorientiert" und machten sie zur Zielscheibe von Satiren. Pombal ging, kaum hatte er seine Position einigermaßen gefestigt, massiv gegen die Opposition vor. Während ein Teil der Adeligen durch königliche Gunsterweise ruhiggestellt wurde, verfolgte Pombal mächtige Gruppen der Aristokratie mit drakonischer Härte, ließ ganze Familien hinrichten und sogar ihre Stammsitze niederreißen, verbannte andere in die Kolonien oder ließ sie jahrelang einkerkern. Pombal schreckte auch nicht davor zurück, gegen die Kirche vorzugehen, Bischöfe notfalls gefangenzusetzen und die Tätigkeit des Jesuitenordens einzuschränken, bevor er schließlich 1757 die Ausweisung des Ordens aus allen portugiesischen Besitzungen verfügte. Auf päpstliche Proteste antwortete der Minister mit der Drohung, eine von Rom unabhängige Nationalkirche einzurichten.

1755, an Allerheiligen, trat dann ein Ereignis ein, daß ganz Europa noch jahrzehntelang beschäftigen sollte: Ein verheerendes Erdbeben mit einer anschließenden Feuersbrunst zerstörte den größten Teil Lissabons, forderte zahlreiche Menschenleben und ließ die städtischen Versorgungssysteme zusammenbrechen. Die von Krone und Kirche eingeleitete Soforthilfe vermochte nur geringfügig den unmittelbaren Folgen der Katastrophe zu begegnen, konnte aber wenigstens langsam und durch drastisches Vorgehen gegen Plünderer die Ordnung wiederherstellen, die Toten beerdigen und Verletzte notdürftig versorgen, Wege und Straßen passierbar machen und die Schäden erfassen. Gesten der Solidarität des Königshauses und anderer Angehöriger der Eliten mit der einfachen Bevölkerung trugen dazu bei, bei den Betroffenen trotz der erheblichen menschlichen und materiellen Verluste und des Schocks das Vertrauen wiederherzustellen. Neben der Schadenerfassung und der literarischen Verarbeitung der Katastrophe begann eine wissenschaftliche Beschäftigung mit den Ursachen des Bebens, auch um damit den vielfältigen abergläubisch-prophetischen Spekulationen in der Bevölkerung und Teilen des niederen Klerus zu begegnen. Unter Pombals Leitung wurde schließlich ein Plan zum Wiederaufbau der Stadt nach einem neuen urbanistischen Konzept entwickelt, das einem Schachbrettmuster folgte und dessen Realisierung enorm zeit- und kostenaufwendig war. Die Notwendigkeit der Mobilisierung immens hoher finanzieller Ressourcen lieferte zusätzliche Argumente zur Rechtfertigung der Reformpolitik Pombals.

Zur Bereitstellung der erforderlichen Summen für das Wiederaufbauprogramm mußten alle Bereiche des Staatswesens effektiver organisiert, die wirtschaftliche, vor allem die gewerbliche Entwicklung in Portugal und Brasilien gefördert, die Verklammerung der Wirtschaft Brasiliens mit der des Mutterlandes gefestigt, die Öffnung des Außenhandels gegenüber dem Ausland verringert, Privilegien der verschiedensten Art abgebaut, die Justiz modernisiert, das Bildungswesen reformiert und Wissenschaften und nützliche Künste gefördert werden, um nur die wichtigsten Bereiche der Reformpolitik Pombals aufzuzählen. Die Vielfalt der ergriffenen Maßnahmen, die zu einer Aufzählung zwingt, erweckt leicht den Eindruck, daß es sich dabei um eine Politik handelte, der eine inhärente Systematik, ja Zielsetzung fehlte. Dies wäre freilich eine irrige Annahme. Nach einer ersten Phase, in der Pombal offenkundig bemüht war, die Front der beherrschenden traditionellen Kräfte von Adel und Kirche aufzubrechen und zu schwächen, begann der Minister mit der Umsetzung eines Programms, das zunächst auf die Reorganisation und Straffung der Verwaltung und des Heerwesens abzielte und das Erziehungswesen unter staatliche Kontrolle zu stellen und die Bildungsinhalte zu erneuern bemüht war, um sich dann mehr und mehr wirtschaftlichen, gesellschaftlichen und bevölkerungspolitischen Maßnahmen zuzuwenden. Oberstes Ziel war die Schaffung eines modernen, politisch erstarkten und unabhängigeren Portugal. Bei gleichzeitiger Unterordnung Brasiliens sollten sich Mutterland und Kolonie durch Arbeitsteilung wechselseitig ergänzen. Brasilien hatte seine natürlichen Ressourcen stärker zu entwickeln, die Rohstoffgewinnung zu differenzieren und dazu passende Gewerbe zu fördern, während Portugal Gewerbe, Marine sowie Handels- und Finanztechniken entwickeln und verbessern und die Manufakturprodukte für Brasilien erzeugen sollte.

Bei der Umsetzung dieser Politik operierte der Minister teils mit deutlich in die Zukunft weisenden Maßnahmen, teils aber auch mit traditionellen Konzepten. Die für die engere wirtschaftliche Verklammerung mit Brasilien eingerichteten beiden Handelskompanien – eine für den *Estado do Brasil*, die andere für das administrativ selbständige Gebiet des *Estado do Maranhão e Grão Pará*, den Norden und Nordosten des heutigen Brasilien – gehören sicherlich zu den traditionellen Formen des Kolonialhandels, während die in Angriff genommene „Verstaatlichung" des Schulwesens, die Reform der Inquisition, das Verbot der Diskriminierung von Neuchristen, die Vereinheitlichung des Rechtswesens, das Verbot der Sklaverei im portugiesischen Mutterland und andere Maßnahmen sicherlich zukunftsorientierte Weichenstellungen waren, aus welchen Motiven heraus sie im einzelnen auch durchgeführt wurden. Die Frage, wie modern oder traditionell die Reformpolitik

Pombals war, ist sehr unterschiedlich beantwortet worden, auch wenn ihm die Geschichtsschreibung persönliche Größe nicht abspricht. Jedenfalls schwebte Pombal nicht nur ein gänzlich anderes Staatswesen vor, auch seine gesellschaftlichen Vorstellungen unterschieden sich radikal von den überkommenen Konzepten eines vormodernen Ständestaates. Individuelle Entfaltung und Verdienst waren ihm entscheidend für die soziale Position und nicht überkommene Privilegien, ererbter Besitz und religiöse Legitimation. Wie andere Regierende des aufgeklärten Absolutismus sah Pombal in Staat und Gesellschaft eher ein mechanisches Kunstwerk, das der König beherrschte, steuerte und zum gemeinsamen Nutzen des Ganzen führte und in welchem dem einzelnen eine nützliche Rolle zugewiesen wurde. So gesehen, war Pombal sicherlich kein Revolutionär, in jedem Fall aber ein politischer Akteur, der den heraufziehenden Umwälzungen im Gefolge der Französischen Revolution weitaus näherstand als der aus dem Jahrhundert der Gegenreformation überkommenen Ordnung.

Die Folgen der 25jährigen Reformpolitik Pombals, der 1777 nach dem Tod Josephs I. gestürzt wurde, sind schwer abzuschätzen. Mißt man den Erfolg an der Frage, inwieweit es gelang, ein gefestigtes Staatswesen zu schaffen, das den folgenden Wechselfällen und Stürmen in der europäischen Politik gewachsen war, so wird man nachhaltige Erfolge nicht feststellen können. Unter Maria I. trat Portugal wieder in eine Phase wankelmütiger Politik ein, in der die Krone verschiedensten Pressionen von außen und innen nachgab. Dies spricht freilich nicht unbedingt gegen Pombals Maßnahmen, sondern lediglich dafür, daß das Konzept eines absolutistischen Königtums mit dynastischer Funktionsweise mit den Erfordernissen moderner Staatlichkeit kaum mehr vereinbar war. Auf vielen anderen Gebieten lassen sich freilich länger anhaltende Erfolge der Politik Pombals beobachten. Die während seiner Regierungszeit eskalierenden Spannungen mit Spanien führten nicht nur zu einem erfolgreichen Verteidigungskrieg gegen einen spanischen Invasionsversuch im Verlauf des Siebenjährigen Krieges, sondern mündeten schließlich in den 1777 zwischen beiden Mächten geschlossenen Friedensvertrag, der Portugal eine erhebliche Gebietserweiterung im Südwesten Brasiliens einbrachte, auch wenn die angestrebte Position an der La-Plata-Mündung, die Colónia do Sacramento, nicht gehalten werden konnte. Damit fiel ein ausgedehntes, noch zu besiedelndes Gebiet an Portugal, das abermals ein Ventil für die sich inzwischen der Drei-Millionen-Grenze nähernde Bevölkerung Portugals bot.

Nach Pombals Abtreten konnte das Rad der Geschichte jedenfalls nicht einfach wieder zurückgedreht werden, da es ihm offenbar gelungen war, mit seiner Reformpolitik das geistige und politische Klima des Landes so stark zu beeinflussen, daß Meinungsverschiedenheiten um die angemessene Politik ausgetragen und Parteiungen möglich wurden, auf deren Vorstellungen die wankelmütige Politik der Nachfolgerin Josephs I. reagierte. So gesehen, hat die aufgeklärt-absolutistische Politik Pombals einen Beitrag zur Öffnung des Weges Portugals in die Moderne geleistet.

6. Französisch-britische Besatzung und Unabhängigkeit Brasiliens

Zu Beginn des 19. Jahrhunderts befand sich Portugal innen- und außenpolitisch in einer schwierigen Situation. Die europaweit spürbaren Auswirkungen der Französischen Revolution, die Thronbesteigung Napoleons und die Regentschaft der geistig kranken Königin Maria I. (1777–1816) ließen mangelnde militärische Widerstandskraft Portugals erahnen. Die Fortführung der wirtschaftlich gebotenen portugiesisch-englischen Allianz, die auf den Methuen-Vertrag von 1703 zurückging, brachte unweigerlich die Gegnerschaft der (miteinander verbündeten) Staaten Frankreich und Spanien mit sich.

Als die Franzosen sich anschickten, in Absprache mit den Spaniern Portugal zu besetzen, um die Kontinentalsperre gegen Großbritannien durchzusetzen, entschied sich das portugiesische Königshaus, mitsamt dem Hofstaat von Lissabon nach Brasilien überzusiedeln. Eine beeindruckende Flotte von 36 Schiffen verließ Ende November 1807 den Hafen der Hauptstadt; an Bord befanden sich rund 15 000 Personen, die Aristokratie des Landes, die Führungsschichten aus Bürokratie, Großgrundbesitz, Klerus und Handel. Diese Übersiedlung war einzigartig in der europäischen Geschichte. Zum ersten und einzigen Mal verlagerte eine Kolonialmacht die Hauptstadt ihres Reiches in die Kolonie. Fortan wurde Portugal von Rio de Janeiro aus regiert, das Prinzregent Dom João Anfang März 1808 erreichte.

Die Verlagerung des Königshofes von Lissabon nach Rio de Janeiro schien vorerst Legitimität und Kontinuität in der Regierungsausübung zu garantieren. Die Übersiedlung hatte aber viel weiter reichende Konsequenzen: Rio de Janeiro wurde zum Mittelpunkt einer neukonzipierten politischen Einheit. Mittelfristig führte dies zur Überzeugung, daß Brasilien ein Land aus eigenem Recht und möglicherweise sogar eine Nation war. Insofern ist es nicht ganz überraschend, daß der Prinzregent, der nach Beendigung der napoleonischen Kriege und der Befreiung Portugals nach Lissabon hätte zurückkehren sollen, eigener Neigung und dem Rat seiner Minister folgend, sich für einen Verbleib in Brasilien entschied, aber formell dessen Kolonialstatus beendete, die politische Gleichberechtigung mit dem „Mutterland“ dekretierte und am 16. Dezember 1815 das „Vereinigte Königreich“ (*Reino Unido*) von Portugal, Brasilien und Algarve proklamierte. Gut zwei Jahre nach Ausrufung des „Vereinigten Königreichs“, am 6. Februar 1818, erfolgte die Proklamation Johanns VI. zum König, nachdem zuvor seine Mutter in geistiger Umnachtung gestorben war. Damit unternahm Portugal den Versuch, ein einheitliches europäisch-überseeisches Reich mit verstärkter Widerstandsfähigkeit gegenüber Zerfallstendenzen zu schaffen (Bernecker u. a. 2000, S. 127–145).

Alles deutete darauf hin, daß Portugal und Brasilien auch in Zukunft ein „vereintes“ Reich bilden würden. Innerhalb weniger Jahre änderte sich die Situation jedoch grundlegend. Der

Stein in Richtung brasilianische Unabhängigkeit geriet ins Rollen, als die liberale Bewegung Portugals, die von der Hafenstadt Porto ihren Ausgang nahm, 1821 die Einberufung von Cortes, also einem Parlament, und die Durchsetzung einer konstitutionellen Monarchie forderte. Die Bewegung griff sofort auf Brasilien über.

In Anbetracht der krisenhaften Situation leistete Johann VI. den Eid auf die (zukünftige) Verfassung, kündigte im März 1821 seine Rückkehr nach Portugal an und ernannte zugleich seinen Sohn Pedro zum Regenten des Königreichs Brasilien. Am 24. April 1821 erfolgte die Machtübergabe, danach reiste Johann VI. mit 3000 Höflingen, der Regierung und einem Großteil des Staatsschatzes nach Portugal ab. Vor seiner Abreise soll er seinem Sohn geraten haben, sich – falls erforderlich – selbst an die Spitze der Unabhängigkeitsbewegung Brasiliens zu setzen und so das Kolonialreich für die Dynastie Bragança zu retten.

Vorerst sah es aber nicht nach einer Lostrennung Brasiliens aus; ganz im Gegenteil: Das Land entsandte 65 Abgeordnete zu den Cortes nach Lissabon, wo sie an den Diskussionen über die Geschicke des Vereinigten Königreiches teilnahmen. In den Cortes verfügten die Portugiesen jedoch mit ihren 100 Abgeordneten über eine deutliche Mehrheit, mit der sie für eine Abschaffung des Freihandels und der in den vorhergehenden Jahren geschaffenen zentralen Institutionen in Rio de Janeiro votierten. Außerdem sollte Kronprinz Pedro nach Portugal zurückkehren. Dieser Versuch, Brasilien wieder unter die Herrschaft Lissabons zu zwingen, führte zu einer deutlichen Radikalisierung der brasilianischen Abgeordneten, und in Brasilien entwickelten die traditionellen Eliten daraufhin separatistische Tendenzen.

Anfang Juni 1822 gab der Regent zu verstehen, daß er in Brasilien bleiben würde; zugleich ernannte er José Bonifacio de Andrada e Silva zum Regierungschef und Außenminister. Damit waren die entscheidenden Maßnahmen im Hinblick auf eine monarchische Lösung des Unabhängigkeitsprozesses getroffen, durch die jene Legitimitätskrise vermieden werden konnte, der in Spanisch-Amerika alle neuen Regierungen ausgesetzt waren.

Die kurzsichtigen Versuche der portugiesischen Cortes, den Kolonialstatus Brasiliens wiederherzustellen, gaben den Anlaß zur endgültigen Trennung vom „Mutterland". In den ersten Monaten des Jahres 1822 überschlugen sich die Ereignisse: Die eingeschüchterten portugiesischen Truppen verließen großteils das Land, im Mai ließ sich Dom Pedro zum „ewigen Verteidiger" (*Defensor Perpétuo*) des Landes ausrufen, er richtete einen Staatsrat (*Conselho de Estado*) als eigene Regierung ein und ordnete im Juni 1822 die Einberufung einer Verfassunggebenden Versammlung (*Constituinte*) an. Am 7. September kam es zu dem berühmt gewordenen „Ausruf" (*Grito*) Pedros in Ipiranga bei São Paulo: „Unabhängigkeit oder Tod" (*Independência ou Morte*), und einen Monat später (am 12. Oktober) wurde der Prinz zum „Verfassungsmäßigen Kaiser und Ewigen Verteidiger Brasiliens" proklamiert; seine Krönung zum Kaiser Peter I. erfolgte am 1. Dezember 1822 (Clarence-Smith 1985, S. 22–30).

Die Unabhängigkeit Brasiliens mußte vor allem vom ehemaligen „Mutterland" Portugal und sodann von der führenden Macht im europäischen Konzert, Großbritannien, anerkannt werden. Der Anerkennungsvertrag zwischen Portugal und Brasilien wurde im August 1825 unterzeichnet; Portugal wurden besonders günstige Handelsbedingungen eingeräumt, Brasilien übernahm außerdem die portugiesischen Schulden über zwei Millionen Pfund Sterling.

Die rund 15 Jahre, in denen die portugiesische Regierung in Brasilien weilte und die Voraussetzungen für die Unabhängigkeit dieser einstmals größten Kolonie Lissabons geschaffen wurden, bedeuteten für das „Mutterland" Portugal eine lange Phase der Besatzung und Kämpfe, zugleich aber auch des Übergangs vom Ancien régime in den liberalen Konstitutionalismus des 19. Jahrhunderts. Im November 1807 marschierten die napoleonischen Armeen (mit Billigung Spaniens) unter Führung von General Junot in Portugal ein. Als Vorwand benutzten die Franzosen das Argument der notwendig gewordenen Befreiung Portugals aus englischer Handelsdespotie; Ziel der Invasion sollte demnach die Zerschlagung der engen außenwirtschaftlichen Bindung zwischen Großbritannien und Portugal sein.

Vor seiner Flucht nach Brasilien hatte Prinzregent João seinen Landsleuten noch empfohlen, sich der damals übermächtigen Armee Frankreichs nicht mit Waffengewalt entgegenzustellen. Tatsächlich wurde Junot von Teilen der Bevölkerung, besonders der Bourgeoisie, sogar als Befreier willkommen geheißen. Die Aufgeschlossenheit gegenüber den Besatzern währte jedoch nur kurz. Die Vertreibung eines noch vom Prinzregenten eingesetzten Rates, die Plünderung des Landes durch die marodierenden Soldaten Junots sowie die allenthalben sichtbaren Symbole der Okkupation schürten den Widerstand der Portugiesen. Außerdem förderten die Franzosen das Reformprogramm nicht, sondern bekämpften eher die Reformer. Sehr bald begann ein Guerrillakampf gegen die Besatzungsarmee, der im Juni 1808 zum Ausbruch einer Rebellion in Porto führte. Der antifranzösische Aufstand von 1808 verfolgte daher nationalistische und nicht revolutionäre Ziele; er stellte keine Bedrohung des Ancien régime dar, sondern erstrebte die Konservierung der alten Ordnung. Dem portugiesischen Widerstand zu Hilfe eilend, landete eine von Sir Arthur Wellesley, dem späteren Herzog von Wellington, angeführte englische Armee im nordwestspanischen Galicien, die im August 1808 in Portugal einmarschierte. Gemeinsam mit den Portugiesen fügten die britischen Streitkräfte den Franzosen in den Schlachten von Roliça und Vimeiro im September 1808 zwei entscheidende Niederlagen zu. Noch im gleichen Monat unterzeichnete Junot in Sintra einen Friedensvertrag, der ihm und seinen Truppen die Rückkehr nach Frankreich garantierte.

Dieser (vorläufige) Friedensvertrag bedeutete aber noch lange nicht das Ende der französischen Begehrlichkeiten gegenüber Portugal. Der englische General William Beresford war deshalb in der Folgezeit bemüht, die portugiesische Armee besser auszubilden, um gemeinsam französische Angriffe abwehren zu können. Beresford wurde zum Feldmarschall ernannt und mit Vollmachten ausgestattet, durch die er bis 1820 zum faktischen Herrscher Portugals wurde. Nachdem 1809 der Versuch einer zweiten Invasion des Landes durch Frankreich unter dem Kommando von Marschall Soult gescheitert war, ließ Wellesley in berechtigter Erwartung eines weiteren französischen Vorstoßes Verteidigungslinien um Lissabon – die *Linhas de Torres Vedras* – errichten, die einen eventuell geplanten Vormarsch auf die Hauptstadt abhalten sollten. Tatsächlich erwies sich die Verteidigungslinie als entscheidende Barriere, als Marschall Masséna an der Spitze einer 60000 Mann starken französischen Truppe im Juli 1810 abermals in Portugal einmarschierte. Fünf Monate standen sich die Armeen entlang der Linie gegenüber, bis die Franzosen im März 1811 – zermürbt vom vergeblichen Warten auf Verstärkung – den Rückzug antraten. Verfolgt von den Truppen Wellesleys, mußten sie schließlich im Oktober 1811 das portugiesische Territorium verlassen.

Die Jahre der Invasionen, Okkupationen und Kämpfe wirkten sich verheerend auf Portugal aus. Landwirtschaft und Handel lagen darnieder. Die Hungersnöte rafften weit mehr Menschen dahin, als die Kampfhandlungen Opfer kosteten. Nicht nur die Franzosen, auch die Engländer durchzogen Paläste, Klöster und Kirchen auf der Suche nach kostbarem Beutegut. Die Zerstörungen durch die französischen Heere, der Rückgang des Kolonialhandels mit Brasilien und der Kollaps des ohnehin äußerst schwachen Industriesektors (auch aufgrund des Drucks importierter Manufakturwaren aus England) bewirkten eine Reihe wichtiger Veränderungen im ökonomischen und sozialen Bereich. Potentielle Investoren etwa lenkten ihren Blick auf die Landwirtschaft; um aber in Ländereien gewinnbringend investieren zu können, mußten noch viele legale und institutionelle Bedingungen geändert werden. Die Reformmaßnahmen, zu denen es dann im ersten Drittel des 19. Jahrhunderts kommen sollte, lassen sich auf die neuen physiokratischen Wirtschaftsprinzipien zurückführen, die schon während der letzten Jahrzehnte des 18. Jahrhunderts Eingang in Portugal und in den *Memorias Económicas* der Königlichen Akademie der Wissenschaften ihren Niederschlag gefunden hatten (Castro 1980, S. 25–64). Zu den Grundelementen der vorgeschlagenen Modernisierungsmaßnahmen gehörten die Einführung des metrischen Systems ebenso wie die Privatisierung der Allmenden, die Herabsetzung der Verkaufssteuer oder die Abschaffung „feudaler" Abgaben – alles Maßnahmen, die eine Ertragssteigerung der Landwirtschaft bewirken sollten, die politischen und gesellschaftlichen Eliten aber in ihrem Besitzstand nicht bedrohten (Mühll 1978, S. 67–72).

Jene Besatzungs- und Kriegsjahre, die auf den französischen Einfall von 1807 folgten, bedeuteten nicht nur gewaltige Verluste an Menschenleben und materiellen Gütern, sondern führten auch zunehmend zur politischen Destabilisierung des Landes. Zuerst war Portugal französisches, dann weit länger englisches Protektorat, außerdem in gewisser Weise eine Art brasilianische „Kolonie". Das Machtvakuum, das durch die Abwesenheit des Königshauses entstanden war, füllte der englische Feldmarschall Beresford als Oberkommandierender der portugiesischen Truppen aus. Allerdings führte das britische Oberkommando auch zu Spannungen in der Armee. 1817 kam es zu einer Verschwörung unter den portugiesischen Militärs, die allerdings aufgedeckt wurde. Der Hauptbeschuldigte, der beliebte und liberale General Gomes Freire de Andrade, wurde neben anderen Anführern der Verschwörung gehenkt und damit zu einem Märtyrer für die Sache der Freiheit (Oliveira Marques 1998, S. 307–310).

7. Liberal-konstitutionelle Monarchie und sozio-ökonomischer Umbruch

In den ersten beiden Jahrzehnten des 19. Jahrhunderts verbreiteten sich in Portugal nicht nur neue Wirtschaftsvorstellungen; auch modernes politisches Gedankengut ließ sich nicht fernhalten (Oliveira Ramos 1979). Das Aufkommen des Liberalismus hing eng zusammen mit den französischen

Okkupationsversuchen, mit der englischen Einflußnahme auf die portugiesische Politik und mit der herausragenden Rolle der Freimaurerei. Gab es zu Beginn des Jahrhunderts fünf Logen in Lissabon, so kamen im Zuge der französischen Eroberung sieben weitere hinzu. In Portugal gründeten Freimaurer und Sympathisanten aus ihrem Umkreis 1818 den *Sinédrio*, eine konspirative Gesellschaft, die die Revolution von 1820 entscheidend prägen sollte. Außerdem trug die Exilierung eines Großteils der portugiesischen Elite in Paris und London zum Import liberaler Ideen bei. Das liberale Lager war allerdings in zwei Fraktionen gespalten: die „französische", jakobinisch-radikale, und die „englische", die eher gemäßigt-aristokratisch war. Als nach der Vertreibung der Franzosen die Beresford-Administration das Land beherrschte, wurde die „englische Fraktion" an den Rand gedrängt, da die Briten nunmehr als die neuen Besatzer betrachtet wurden; die Jakobiner konnten sich durchsetzen, beherrschten den *Grande Oriente Lusitano* und radikale Geheimgesellschaften wie den *Sinédrio* (Oliveira Marques 1998, S. 374–376).

Die portugiesischen Liberalen befanden sich mit ihrem „revolutionären" Gedankengut im zweiten Jahrzehnt des 19. Jahrhunderts aus mehreren Gründen im Aufwind. Zum einen gab es eine Reihe interner Faktoren: die Abwesenheit des Königshauses, die geringe Beliebtheit der englischen Vorherrschaft, der gewaltige Transfer portugiesischen Kapitals an den Königshof nach Brasilien. Zum anderen beflügelten vor allem die Ereignisse im Nachbarland Spanien die Entwicklung des portugiesischen Liberalismus. In Madrid nämlich wurde der absolutistisch regierende König Ferdinand VII. im März 1820 als Folge einer liberalen Revolution gezwungen, die 1812 eingeführte, von ihm 1814 aber staatsstreichartig wieder außer Kraft gesetzte liberale Verfassung von Cádiz erneut zu verkünden. In dieser Situation wandte sich die *Junta de Regencia* in einer Denkschrift an den König. Die königliche Regierung weigerte sich allerdings, grundlegende Reformen in Angriff zu nehmen. Der enge Kontakt, der damals zwischen reformfreudigen Portugiesen und liberalen Spaniern bestand, veranlaßte Feldmarschall Beresford zu einer Reise an den Königshof nach Brasilien, um sich bei Johann VI. seiner Machtbefugnisse zu versichern bzw. sie sogar noch ausweiten zu lassen. Letztlich ging es ihm darum, mit königlicher Genehmigung die Armee bei der Unterdrückung liberalen Gedankenguts einzusetzen.

Beresfords Reise nach Rio de Janeiro bewirkte das Gegenteil dessen, was er beabsichtigt hatte. Die Liberalen nutzten nämlich seine Abwesenheit von Portugal und erhoben sich. Diese Revolte sollte zum Ausgangspunkt radikaler Veränderungen der politischen und wirtschaftlichen Strukturen werden. Die Bewegung nahm im August 1820 ihren Anfang in der Hafenstadt Porto, wo sich in den vorhergehenden Jahrzehnten eine Händler-Mittelschicht und eine Schicht kleiner Industrieller im Bereich der Leinenindustrie herausgebildet hatte, deren Bestreben darin bestand, Zugang zum brasilianischen Markt zu erlangen und eine Beendigung des Handelsvertrages von 1810 herbeizuführen, durch den Briten ihre Waren privilegiert in Brasilien absetzen konnten. Innerhalb weniger Tage nahmen die liberal beeinflußten Garnisonen von Porto den Norden Portugals ein. Im September griff der Aufstand auf Lissabon über, wo Soldaten die führende Rolle spielten. Die Anführer beider Städte trafen sich in Coimbra, wo eine gemeinsame provisorische Regierung gebildet wurde. Die Ziele des Aufstandes bestanden in der Vertreibung der Briten, der Wiederherstellung der portugiesischen Monarchie, der Intensivierung des Brasilienhandels und der Durchsetzung des umfangreichen sozio-ökonomischen Programms des Liberalismus. Allerdings waren die tatsächlich durchgeführten Wirtschaftsreformen vorerst eher gemäßigt. Immerhin verwandelte ein Gesetz von Mai 1821 die Ländereien der Krone in „Staatsgüter“ (*Bens Nacionais*), die versteigert werden konnten, um mit dem Erlös die öffentliche Schuld zu begleichen. Dieses Gesetz ließ bereits zwei Charakteristika der liberalen Reformen deutlich werden: zum einen die Betonung des Privateigentums, zum anderen den Zusammenhang mit dem chronischen Finanzdefizit des Staates.

Die Wahl zu den konstituierenden Cortes fand im Dezember 1820 statt. Die neuen politischen Akteure waren im wesentlichen liberale Absolventen der von Pombal reformierten Universität (Birmingham 1993, S. 108f.) Zu den wichtigsten Programmpunkten der Parlamentarier gehörte die Aufforderung an den König in Rio de Janeiro, nach Portugal zurückzukehren. Johann VI. erreichte Lissabon im Juli 1821.

Die 1822 verabschiedete Verfassung lehnte sich stark an die von Cádiz aus dem Jahr 1812 an. Mit 240 Artikeln war sie sehr umfangreich. Kernprinzipien der Verfassung waren das Konzept der Volkssouveränität, die Unterordnung des Monarchen unter die Gewalt des Parlaments, das allgemeine Männerwahlrecht zum Einkammerparlament (Ausnahme: Analphabeten und Mönche). Der König verfügte über die Exekutivgewalt, er ernannte die Minister. Das Legislativrecht lag ausschließlich beim Parlament, der Monarch verfügte allerdings über ein suspensives Vetorecht. Die Verfassung sah keine Staatsreligion vor. Liberalen Prinzipien der Zeit folgend, garantierte sie das Privateigentum. Artikel 20 lautete: „Die portugiesische Nation ist die Union aller Portugiesen beider Hemisphären. Ihr Gebiet bildet das Vereinigte Königreich von Portugal, Brasilien und den Algarven." Die liberale Lissaboner Regierung weigerte sich in der Folgezeit auch noch einige Jahre lang, die brasilianische Unabhängigkeit anzuerkennen. Viele glaubten tatsächlich, man könne zu den Kolonialverhältnissen aus der Zeit vor 1807 zurückkehren.

Das soziale Fundament der Reformer war von Anfang an brüchig, nachdem allenfalls 9% der Bevölkerung als zur „Mittelschicht" gehörig bezeichnet werden konnten (Opello 1991, S. 50). Da nach wie vor britische Importe den portugiesischen Handel beherrschten, fiel es den Klein- und Kleinsthändlern schwer, zu einer einflußreichen Händlerschicht aufzusteigen, die als solide Basis eines mittelständischen Liberalismus hätte fungieren können. Mit der Unabhängigkeitserklärung Brasiliens im Jahr 1822 endete außerdem die liberale Hoffnung auf Restauration des Kolonialimperiums; darüber hinaus befanden sich Brasilien und Portugal bis 1825 im Kriegszustand – auch wenn es nicht zu kriegerischen Auseinandersetzungen kam –, was eine außerordentliche Beeinträchtigung der Handelsbeziehungen zwischen beiden Ländern bedeutete (Hermano Saraiva 1992, S. 283).

Nachdem französische Truppen im Auftrag der Heiligen Allianz 1823 in Spanien problemlos den Absolutismus wiederherstellen konnten, fühlten sich die portugiesischen Gegner des Liberalismus – vor allem junge Adlige, die durch die liberalen Tendenzen ihre Privilegien bedroht sahen – zu ähnlichem Vorgehen ermutigt. Ende Mai 1823 führten sie in Vila Franca de Xira in der Nähe von Lissabon einen Aufstand – die sogenannte *Vila Francada* – durch, der vom jüngsten Sohn des Königs, dem Infanten Dom Miguel, unterstützt wurde (Hermano Saraiva 1992, S. 284). Ohne größere Widerstände wurden die Cortes aufgelöst, die Verfassung außer Kraft gesetzt und die absolute Monarchie, wie zuvor schon in Spanien, wieder eingeführt. König Johann VI., der ohnehin einem „gemäßigten" Absolutismus zuneigte, regierte das Land bis zu seinem Tod im Jahr 1826.

Rechtmäßiger Nachfolger im Amt des portugiesischen Königs war der ältere der beiden Söhne Johanns, Dom Pedro, seit 1822 als Peter I. Kaiser von Brasilien. Die von ihm betriebene Trennung Brasiliens von Portugal machte ihm jedoch eine Thronbesteigung unmöglich. Er dankte deshalb zugunsten seiner damals siebenjährigen Tochter Maria da Glória ab, knüpfte seinen Thronverzicht aber zugleich an zwei Bedingungen: Zum einen sollte sein jüngerer Bruder Miguel zu einem späteren Zeitpunkt Maria da Glória heiraten; durch diese Onkelehe hätte ein dynastischer Familienzwist um den Thron vermieden werden können. Zum anderen forderte er eine neue Verfassung für Portugal. Von Rio de Janeiro aus oktroyierte er diese *Carta Constitucional*, die einen Kompromiß zwischen Absolutismus und Liberalismus darstellte und sich deutlich von der liberalen Verfassung des Jahres 1822 unterschied. Der Monarch wirkte als vierte, „mäßigende" Gewalt (*poder moderador*) über den anderen Gewalten; bei der Benennung seiner Minister unterlag er keinen Restriktionen.

Die Abgeordneten kamen über indirekte, zensitär beschränkte Wahlen in das Abgeordnetenhaus (*Câmara de Deputados*) des Zweikammerparlaments; die adligen Mitglieder des Oberhauses (*Senado*) wurden vom Monarchen ernannt. Die *Carta Constitucional* von 1826 war die stabilste Verfassung des 19. Jahrhunderts; obwohl sie wiederholt Änderungen und Außerkraftsetzungen erfuhr, blieb sie letztlich bis 1910 in Kraft.

Prinz Dom Miguel, der im April 1824 einen fehlgeschlagenen Aufstand der radikalen Absolutisten (die *abrilada*) angeführt hatte und seit damals im Exil lebte, kehrte 1828 zur Eidesleistung auf die Verfassung nach Portugal zurück. Sofort nach seiner Rückkehr reklamierte Dom Miguel die Krone für sich. Er löste die Abgeordnetenkammer auf, setzte damit die Verfassung außer Kraft und führte den Absolutismus wieder ein. Miguels Machtübernahme provozierte sofort Aufstände liberaler Soldaten, vor allem in Porto, aber auch an anderen Orten. Damit begann ein Bürgerkrieg, der das Land zerstören und erst 1834 mit dem Sieg der gemäßigten Kräfte enden sollte. Peter I. dankte 1830 als Kaiser von Brasilien ab und kehrte nach Portugal zurück, um gegen seinen Bruder für die Thronansprüche seiner Tochter zu kämpfen. Der Bürgerkrieg war somit sowohl ein dynastischer Kampf zwischen verfeindeten Brüdern als auch eine Auseinandersetzung zwischen Absolutismus und Konstitutionalismus. Dom Miguel erhielt als Verfechter der absoluten Monarchie die Unterstützung des Klerus, des Provinzadels und der Grundbesitzer. Während seiner Herrschaft mußten Tausende von Liberalen ins Exil, viele wurden in den Kriegsjahren hingerichtet. Dom Pedro und die *vintistas* erhielten die Unterstützung der liberalen Militärs, vor allem von João Carlos Saldanha und Sá da Bandeira; außerdem kam internationale Unterstützung aus Frankreich und vor allem aus Großbritannien, die dem Liberalismus in Portugal zum Durchbruch verhelfen wollten (Birmingham 1993, S. 96–127).

Im Sommer 1833 gelang Pedros Flotte unter Führung eines britischen Admirals der entscheidende Schlag gegen die absolutistischen Royalisten: Mit diesem Seesieg an der Südküste Portugals begann die Eroberung des Landes durch liberale Truppen von der Algarve her, während sich zuvor die Kampfhandlungen auf die Region Porto konzentriert hatten. Schon kurz nach der entscheidenden Seeschlacht konnte – am 24. Juli 1833 – die bis dahin von Dom Miguel besetzte Hauptstadt Lissabon eingenommen werden. Damit war der Bürgerkrieg zugunsten Dom Pedros entschieden.

Der Sieg Dom Pedros 1834 stellte für Portugal die Durchsetzung des liberalen Konstitutionalismus gegenüber dem Absolutismus dar. Das sozio-ökonomische Programm des Liberalismus sah viele einschneidende Reformen vor: „Feudale" Rechte auf dem Land sollten abgeschafft, das Bodenrecht liberalisiert werden; für den Güteraustausch mußten neue Bedingungen festgelegt, das Steuersystem reformiert und eine moderne Steuerstruktur geschaffen werden. Entscheidend war die Herausbildung eines Marktes. Die ersten Reformen umfaßten die Re-Organisation des Staatshaushalts (*Facenda Publica*) als Grundlage einer modernen öffentlichen Verwaltung und eines reformierten Justizsystems. Die Krongüter wurden zu Staatsgütern erklärt, der Zehnte abgeschafft. Außerdem erfolgte die Verstaatlichung der Ländereien korporativer Institutionen (der Universitäten, Orden etc.), die Auflösung von 300 Männerorden und der Verkauf ihrer Ländereien an Liberale; damit bildete sich eine neue Grundbesitzerschicht heraus.

Nach dem Sieg der Liberalen hatte Peter nur kurze Zeit den Thron inne; er starb noch 1834. Bei ihrer Thronbesteigung war seine Tochter Maria II. da Glória erst fünfzehnjährig. Zum damaligen Zeitpunkt gab es in den Cortes, dem Parlament, zwar noch keine miteinander konkurrierenden Parteien, doch waren sich die Anhänger des Liberalismus in vielen Grundfragen der politischen und gesellschaftlichen Entwicklung uneins. Die gemäßigten Liberalen etwa begnügten sich mit der Wiedereinführung der *Carta Constitucional* von 1826, während die radikaleren *vintistas* für die liberalere Verfassung von 1822 eintraten. Keine von beiden Strömungen verfügte über eine feste Organisation, es mangelte ihnen auch an einer kohärenten ideologischen Linie (Hermano Saraiva 1992, S. 291).

Im August 1836 kam es im benachbarten Spanien zu einer Revolte (*Motín de La Granja*) mit dem Ziel der Wiedereinführung der liberalen Verfassung von 1812. Diese Vorkommnisse sowie die in weiten Teilen der Bevölkerung verbreitete Unzufriedenheit wegen der hohen Arbeitslosigkeit, die auf die Demobilisierung nach dem Bürgerkrieg zurückzuführen war, animierten progressive Liberale, die von Arbeitern und Handwerkern Lissabons unterstützt wurden, im September 1836 ebenfalls einen Staatsstreich durchzuführen. Die neue Regierung verkündete ein Modernisierungsprogramm, zu dessen zentralen Punkten die Gründung staatlicher Grundschulen, die Einrichtung technischer Hochschulen und dezentralisierter Bibliotheken sowie die Führung eines Zivilregisters gehörten.

Nach der Wiederinkraftsetzung der Verfassung von 1822 und der Verkündigung des liberalen Reformprogramms sahen die gemäßigten politischen Kräfte ihren Einfluß im Regierungsbereich dahinschwinden. Sie reagierten deshalb gewaltsam gegen die Regierungsübernahme durch die *setembristas*; für ihren (Gegen-)Putsch erhielten sie belgische und englische Unterstützung. Als ein englisches Bataillon an Land gehen wollte, bewaffneten sich die *setembristas* und zogen vor den Sitz der Königin, den *Palacio de Belém*; diese Aktion wird seither *Belemzada* genannt. Obwohl Putsch und Gegenputsch ebenso wie weitere Versuche in den folgenden Jahren, gewaltsam die verfassungsmäßige Ordnung zu verändern, fehlschlugen, wurde dennoch als Kompromiß zwischen den Fraktionen eine neue, inzwischen dritte Verfassung ausgearbeitet und 1838 verkündet. Sie enthielt Elemente sowohl der radikalliberalen Verfassung von 1822 als auch der gemäßigten, oktroyierten *Carta* von 1826.

Die Verfassung von 1838 überdauerte nur vier Jahre. Schon 1842 ließen die Gemäßigten nach einem unblutig verlaufenen Staatsstreich erneut die *Carta Constitucional* durch die Königin in Kraft setzen. Als neuer „technokratischer" Regierungschef etablierte Antonio Bernardo da Costa Cabral eine autokratisch-bürokratische Diktatur. Er gab der Politik eine konservative Wende, verkündete ein restriktiveres Wahlrecht, zentralisierte die Verwaltung und stärkte auf diese Weise die Exekutive. Auch Costa Cabral war von der Notwendigkeit tiefgreifender Reformen überzeugt: Er beklagte die ausgeprägte Ineffizienz öffentlicher Behörden, war um eine Verbesserung des katastrophalen Gesundheitswesens bemüht, wollte die strukturelle Unterentwicklung der ländlichen Gebiete beenden. In der Literatur wird darauf hingewiesen, daß die unter der Regierung Costa Cabral feststellbare Bürokratisierung und Professionalisierung der Verwaltung die Bürger zwar aus der Bevormundung durch Äbte und Adelige befreite, sie dafür aber in Abhängigkeit von autoritären Staatsdienern brachte (Birmingham 1993, S. 119). Das ursprünglich liberale Konzept einer zentralisierten Verwaltung wurde zugunsten der Unterordnung der regionalen Verwaltungskörperschaften unter zentrale Kontrolle aufgegeben. Nicht zuletzt deshalb handelte sich Costa Cabral den Vorwurf sowohl radikal-progressiver als auch gemäßigt-konservativer Liberaler ein, die Ideale der Revolution bzw. der Konterrevolution verraten zu haben.

Die dritte Revolte, bei der sich Portugiesen im 19. Jahrhundert untereinander bekämpften, brach 1846 in der nördlichen Provinz Minho aus, deren Bauern vor allem von Subsistenzlandwirtschaft lebten. Seit dem 18. Jahrhundert wurde dort auch Mais angebaut, was zu einem beachtlichen wirtschaftlichen Aufschwung („Maisrevolution") geführt hatte. Außerdem war die amerikanische Kartoffel eingeführt worden. Die schlechte Kartoffelernte von 1845 bei stark gestiegener Bevölkerung führte zu einer weitverbreiteten Krise und in deren Gefolge zu einem bäuerlichen Aufstand.

Der eigentliche Anlaß für die Revolte war der Versuch der Behörden, die Ländereien der Bauern einzuzäunen und die Grundstücke zu registrieren. Da die zumeist analphabetischen Bauern eine Benachteiligung bei der Registrierung ihres juristisch oft nicht eindeutig festgeschriebenen Landbesitzes befürchteten, außerdem das Gerücht verbreitet wurde, die ländlichen Grundstücke sollten registriert und in ihrem Wert geschätzt werden, um sie an Engländer verkaufen zu können, richtete sich die Volkswut schnell gegen die Behörden und die Briten.

Der Aufstand, der zum Sturz Costa Cabrals führte, wurde unter dem Namen *Maria da Fonte* im Land bekannt, da die Frauen der Minho-Region bei Auslösung und Durchführung der Revolte eine herausragende Rolle spielten. Die Ab- und Auswanderung vieler Männer der Gegend hatte die Frauen zur Bewirtschaftung der Felder gezwungen, was zugleich zu ihrer größeren sozialen und ökonomischen Unabhängigkeit geführt hatte. Diese sahen sie durch den vermeintlich drohenden Verkauf der Ländereien gefährdet.

Die Regierungsgeschäfte wurden jetzt von Politikern übernommen, die einer noch schwachen, allmählich aber zunehmenden Mittelschicht angehörten. Zum Teil handelte es sich dabei um Händler, die an den verschiedenen Ernährungskrisen während der vorangegangenen Kriege gut verdient hatten. Sie glaubten vor allem an die wohlstandsfördernde Kraft des Kapitalismus, brachten daher wenig Verständnis für die „vormodernen" Klagen der Bauern auf. Schließlich gelang es Feldmarschall Saldanha, dem Enkel des Marquis von Pombal, einen zweiten Bürgerkrieg – die *Patuleia* – anzuführen, der den Höhepunkt des Kampfes zwischen den verschiedenen Flügeln des Liberalismus bedeutete und bis Ende Juni 1847 andauerte.

Die Mitte des 19. Jahrhunderts beginnende Ära wird in der portugiesischen Historiographie *Regeneração* genannt. Es handelt sich um eine langanhaltende Phase oligarchischer Herrschaft, die die „revolutionäre Phase" beendete und dem Land rund 20 Jahre Stabilität brachte. Saldanha hatte die Rebellions- und Kriegsmüdigkeit der Bevölkerung richtig erkannt und für sich zu nutzen gewußt, indem er sich von allen Revolutionsgelüsten distanzierte und für eine „Regeneration" des Landes eintrat. Für dieses Konzept erhielt er breite Zustimmung im Volk, auch die Radikal-Liberalen unter Costa Cabral konnten sich ihm nicht entziehen. Nach über drei Jahrzehnten (1820–1851) revolutionärer Wirren, verfassungsrechtlicher Unklarheiten und ständiger Regierungswechsel sehnte sich das Land nach Ruhe und Kontinuität. Die politischen Fraktionen verständigten sich darauf, die ideologischen Grabenkämpfe zu beenden und ihre Energien auf eine Verbesserung der materiellen Bedingungen im Land zu verwenden.

Nach 1851 bildeten sich zwei Parteien heraus, die sich gleichermaßen zum Liberalismus bekannten: die *Regeneradores*, zu denen sich Konservative und Rechtsliberale zusammengeschlossen hatten, und die *Históricos*, die politische Heimat der früheren linksliberalen *setembristas*, die sich später nach ihrer abermaligen Linksentwicklung in *Partido Progressivo* umbenannten. Der *Partido Regenerador* wurde von António Maria Fontes Pereira de Melo als der eigentlich modernisierenden Kraft jener Jahrzehnte beherrscht, der *Partido Histórico* vom Marquis Sá da Bandeira. Man kann nicht von Parteien im heutigen Sinne des Wortes sprechen; es handelte sich vielmehr um lockere Vereinigungen, deren Zusammenschluß eher von Personen oder Lokalinteressen abhing, so daß eine klare Programmatik oder ideologische Ausrichtung weit weniger wichtig als die Orientierung an einer Person war. Die ideologisch und programmatisch weitgehend gleiche Orientierung der *Regeneradores* und der *Históricos* bzw. *Progressistas* machte Regierungswechsel möglich, ohne daß es – wie zuvor – zu Gewalttätigkeiten kommen mußte. Die Parteien beschlossen daher eine regelmäßig stattfindende Rotation in der Regierungsausübung (*rotativismo*), der zufolge eine Partei so lange regierte, bis es ihr unmöglich schien, weiterhin ihren Verpflichtungen nachzukommen. Dann bot der Monarch der anderen Partei die Regierungsgewalt an. Aber im Unterschied zum Ursprungsland dieses Modells, England, wo der Wahlsieger die Exekutive bildete, fanden in Portugal Wahlen erst nach der Regierungsumbildung statt. Der Monarch dekretierte die Auflösung des Parlaments und legte Neuwahlen fest, aus denen in allen Fällen jene Partei als Siegerin mit parlamentarischer Mehrheit hervorging, die kurz zuvor die Regierung gebildet hatte. Wahlberechtigt war nur ein Prozent der Bevölkerung. Die Manipulation des Wahlvorgangs war Zielscheibe bissigen Spotts seitens der Intellektuellen, die von „Schmierenkomödie" und „faulem Kompromiß" sprachen.

In die Phase der *Regeneração* war die „neue" Mittelschicht Portugals als Gewinnerin des revolutionären Umbruchs der vorhergehenden Jahrzehnte eingetreten. Sie hatte sich durch den Aufkauf der versteigerten staatlichen Ländereien bereichert, viele Angehörige des Bürgertums waren nobilitiert worden. Jetzt machte sich die „bürgerliche Monarchie" daran, das Land zu modernisieren. Die gesamte zweite Hälfte des 19. Jahrhunderts stand im Zeichen infrastrukturellen Ausbaus. Um 1850 gab es noch keine Straßen, die die wichtigsten Städte verbunden hätten. Vorerst mußte daher das Transport- und Verkehrsproblem gelöst werden. Jährlich wuchs das Straßennetz um 200 km, um die Wende zum 20. Jahrhundert war es bereits 10000 km lang. Sehr bald kam auch der Gedanke einer Zugverbindung zwischen Lissabon und Porto auf. Schon 1864 waren die beiden wichtigsten Städte des Landes mit der Eisenbahn verbunden. Kurz vor dem frühen Tod von Königin Maria II. (1853) begann mit der Einführung von Briefmarken der Aufbau eines modernen Postsystems; zwei Jahre später wurde der erste Telegraph in Betrieb genommen. Brücken, Tunnel, hydraulische Aufzüge – zur Überwindung der Höhenunterschiede in der Hauptstadt –, Post- und Bahnhofsgebäude: Allenthalben war der materielle Fortschritt zu spüren, ein umfangreiches Programm öffentlicher Bauten legte Zeugnis vom staatlichen Modernisierungswillen ab.

Das Ziel der Reformen war die Ausweitung des Binnenmarktes. Dabei scheute der Staat nicht vor zahlreichen Eingriffen in die Wirtschaft zurück. Leitideen der *Regeneração* waren Fortschritt, Verbesserung der Infrastruktur, Entwicklung. Nach ihrem Hauptvertreter António Maria Fontes Pereira de Melo wird dieses Konzept *fontismo* genannt.

Im Grunde kann man für die Jahrzehnte des *fontismo* nicht von einer ausgeprägten Wirtschaftspolitik sprechen. Mitte des Jahrhunderts (1852) setzte sich das Freihandelskonzept durch, das vier Jahrzehnte lang verbindlich sein sollte und erst 1892 von einer Politik des Protektionismus abgelöst wurde. Wirtschaftsliberalen Überzeugungen folgend, ging es dem Staat vor allem um die Setzung von Rahmenbedingungen, die den Unternehmern möglichst große Freiräume beließen. Die Finanzierung der umfangreichen Infrastruktur-, Verkehrs- und Kommunikationsmaßnahmen erfolgte im wesentlichen durch nationale und internationale Anleihen; Großbritannien war der größte ausländische Geldgeber. Die Staatsverschuldung nahm von Jahr zu Jahr zu. Bis zum Ende der konstitutionellen Monarchie zu Beginn des 20. Jahrhunderts gelang dem portugiesischen Staat keine Konsolidierung seiner Finanzsituation.

Das System des *rotativismo* funktionierte bis in das letzte Jahrzehnt des 19. Jahrhunderts so gut, daß beide Parteien gleich lang an der Macht waren: die *Regeneradores* 1851–1856, 1859/60, 1871–1877, 1878/79 und die *Históricos* 1856–1859, 1860–1865, 1868–1870, 1870/71, 1877/78, 1879–1881 und 1886–1890; in den Jahren 1865–1868 bildeten sie eine gemeinsame Regierung.

Die lange Phase innenpolitischer Stabilität erlebte fundamentale Veränderungen im sozialen und ökonomischen Bereich. Besonders auffällig war die demographische Entwicklung. Für das 19. Jahrhundert kann man geradezu von einer Bevölkerungsexplosion sprechen: 1835 zählte das Land rund drei Millionen Einwohner, 1911 schon 5,5 Millionen. In 75 Jahren hatte die Bevölkerung somit um 81 % zugenommen, was vor allem auf die hohe Geburtenrate von 32 ‰ im Jahresdurchschnitt zurückzuführen war. Die Bevölkerungsdichte erhöhte sich – allerdings bei großen regionalen Unterschieden – von 40 Einwohnern pro qkm im Jahr 1850 auf 60 Einwohner pro qkm im Jahr 1900. Trotz dieses gewaltigen Bevölkerungswachstums kam kein Urbanisierungsprozeß in Gang. Ende des Jahrhunderts lag die Urbanisierungsrate noch bei nur 16 %; der weitaus größte Teil der Bevölkerung lebte somit auf dem und vom Land. Während es im stark bevölkerten Norden auch Kleinbauern gab, die auf Subsistenzbasis wirtschafteten, dominierten im Süden – vor allem im Alentejo – die Agrarproletarier, die als Tagelöhner auf den Latifundien arbeiteten. Mit der quantitativen Dominanz der Agrarbevölkerung korrelierte der Analphabetismus im Land. Er betrug 1890 noch 76 % und am Ende der Monarchie (1910) immer noch 70 % – unabhängig davon, daß die Anzahl der Grundschulen zwischen 1850 und 1910 von 1100 auf 5000 zunahm.

Aus der dominierenden Agrarstruktur ergibt sich wie selbstverständlich, daß die Landwirtschaft eine Schlüsselfunktion im ökonomischen Leben des Landes einnahm. Im Verlauf des 19. Jahrhunderts konnte die Agrarproduktion gesteigert werden, die Anbaufläche wurde vergrößert – vor allem durch die zusätzliche privatwirtschaftliche Nutzung von Ödland und Allmenden –, es kam zu einer Intensivierung des Ackerbaus bei systematischer Fruchtfolge und unter vermehrtem Einsatz chemischer Düngemittel. Obwohl dem Getreideanbau in Zusammenhang mit aufkommenden Autarkievorstellungen größere Bedeutung beigemessen wurde, stieg der Importbedarf an Weizen, was vor allem auf das hohe Bevölkerungswachstum zurückzuführen war.

Das Bevölkerungswachstum war auch zum größten Teil für die massiven Migrationsbewegungen verantwortlich: für die Binnenwanderungen und saisonalen Migrationen, die primär aus Arbeitsgründen erfolgten, sowie für die Auswanderung nach Übersee, vor allem nach Brasilien. Da der größte Teil der Auswanderer jüngere Männer waren, kam es in ihren Herkunftsregionen (vor allem im dichtbesiedelten Norden des Landes) zur Überalterung der Bevölkerung, zu Frauenüberschuß, niedrigen Heiratsraten und langfristig zu einer dramatischen Veränderung des Arbeitskräftepotentials.

Neben der dominierenden Landwirtschaft nahmen sich die anderen Wirtschaftszweige gering aus. Mitte des 19. Jahrhunderts gab es ein „Bürgertum", das ca. 15 % der Bevölkerung umfaßte. Obwohl es zu einem nicht geringen Teil die langsam entstehende Industrie repräsentierte, war es nicht primär an der Produktion, sondern weit mehr an einem gesicherten Einkommen in Luxus interessiert. Dementsprechend wies es starke Bindungen an den Großgrundbesitz auf, der gesellschaftliches Ansehen verschaffte. Über Einheirat in den Altadel stieg das Bürgertum häufig in die Aristokratie auf und übte mit dieser die ideologische Dominanz im Staat aus. Die volkswirtschaftlich geringe Bedeutung der Industrie und der nur schleppende Industrialisierungsprozeß sind schon daran zu erkennen, daß es 1852 lediglich 362 kleine „Fabriken" im ganzen Land gab, die Textilien, Papier, Keramik herstellten oder Metallverarbeitung betrieben.

Das Auslandskapital spielte in Anbetracht der steigenden Kapitalintensität industrieller Neugründungen eine erhebliche Rolle; 1900 beherrschte es ca. 15 % aller Aktiengesellschaften. Die meisten befanden sich in den Großräumen Lissabon und Porto. Die Schwäche der industriellen Entwicklung bedingte auch die weitgehende Bedeutungs- und Einflußlosigkeit der Arbeiterklasse. Noch an der Wende zum 20. Jahrhundert gab es lediglich rund 100 000 Fabrikarbeiter, damals entstanden die ersten Sozialgesetze.

Auch wenn die Wirtschaftsstruktur Portugals sich im 19. Jahrhundert nur allmählich veränderte und die Dominanz der Landwirtschaft erhalten blieb, läßt sich das Jahrhundert insgesamt doch als Übergang vom Feudalstaat zur bürgerlich-kapitalistischen Gesellschaft charakterisieren. Der alte Feudaladel büßte seine Privilegien ein. Dafür schuf sich die konstitutionelle Monarchie als sichere Stütze ihrer Macht durch entsprechende Nobilitierungen einen neuen Adel, bei dem auch größtenteils die wirtschaftliche Macht lag. Diese ökonomisch führenden Familien kontrollierten den wichtigen Wirtschaftsfaktor – den Außenhandel. Exportiert wurden Agrarprodukte, vor allem Wein (schwerpunktmäßig nach England), importiert wurden Fertigwaren, Nahrungsmittel, Industrieprodukte aller Art. Da nahezu ständig mehr ein- als ausgeführt wurde, litt das Land permanent unter einer negativen Handelsbilanz.

Außenpolitisch spielte Portugal im Konzert der Mächte eine nur untergeordnete Rolle. Von besonderer Bedeutung waren die Beziehungen zu den Kolonien und zu Spanien. Im Hinblick auf Portugiesisch-Afrika entwickelte schon das *setembrista*-Regime (1836–1842) die Vision eines neuen Imperiums.

1836 hatte Portugal offiziell den Sklavenhandel abgeschafft, konnte das Verbot aber an den Küsten Angolas und Mozambiques nicht durchsetzen. Portugal war auch nicht in der Lage, ins Innere Afrikas vorzudringen oder eine direkte Verbindung zwischen Angola und Mozambique herzustellen. Erst in den 1860er Jahren fanden Expeditionen in das Innere von Angola und Mozambique statt, wenn auch nach wie vor nicht von einer flächendeckenden Herrschaft Portugals in diesen Gegenden gesprochen werden konnte. Als Alternative zur Auswanderung hingen nicht wenige Politiker dem Traum eines neuen Kolonialimperiums in Afrika nach. Als seit der Wirtschaftskrise von 1870 der Entwicklungsrückstand Portugals gegenüber den zentraleuropäischen Ländern weiter zunahm, wurde verstärkt Ausschau nach Afrika gehalten. Außen- und Überseeminister João de Andrade Corvo (1871 bis 1879), ein liberaler Expansionist, gehörte zu den eifrigsten Befürwortern einer intensiven Afrikapolitik; der Handel mit Kaffee (Angola), Kakao (São Tomé), Elfenbein, Wachskerzen und Gummi wurde intensiviert. Daß Portugal von den übrigen imperialistischen Mächten Europas nicht allzu ernst genommen wurde, machte 1885 der Berliner Kongreß deutlich; damals wurde dem Lissaboner Anspruch auf den Kongo eine Abfuhr erteilt (Clarence-Smith 1985, S. 61–116).

1890 sollte es in Zusammenhang mit der Kolonialpolitik zu einer nationalen Krise kommen. Seit längerem versuchten die Portugiesen, Angola und Mozambique ins Innere „auszuweiten" und zu einem großen Kolonialreich zu verbinden. Diese Politik kollidierte mit dem britischen Plan, Kairo und Kapstadt mit einer Eisenbahn zu verbinden. Der britische Premier Lord Salisbury stellte Portugal ein Ultimatum, die Lissaboner Regierung lenkte ein und verzichtete auf die vorgesehenen territorialen Ansprüche. Ein nationalistischer Aufschrei ging wegen dieser englischen Demütigung durch Portugal, zwei Regierungen stürzten darüber; außerdem bildete sich eine republikanisch-antimonarchistische Bewegung heraus, die König Karl I. die Mißachtung nationaler Interessen durch Vernachlässigung der Kolonialpolitik vorwarf. Trotz aller Kampagnen der Koloniallobby war Portugal aber nach wie vor nicht in der Lage, die gewaltigen Territorien in Afrika vollständig seiner Kontrolle zu unterwerfen (Newitt 1981; Duffy 1962, S. 134–139).

Die außenpolitischen Beziehungen zu Spanien zeichneten sich – übrigens von beiden Seiten – durch auffälliges Desinteresse aus, wenn auch der wiederholte Einfluß spanischer Ereignisse auf die Entwicklung in Portugal (etwa im Hinblick auf die liberale Verfassung von 1812 oder den konstitutionellen Umsturz von 1820) unübersehbar ist. In Zusammenhang mit der spanischen Suche nach einem neuen Monarchen kam vorübergehend Bewegung in die Beziehungen. Als nämlich infolge der „Septemberrevolution" in Spanien (1868) die Bourbonen entthront worden waren, richteten sich die Blicke wiederholt nach Lissabon. Dort wurde sowohl Ferdinand von Sachsen-Coburg-Koháry, dem Witwer von Königin Maria II. da Glória, als auch seinem seit 1861 regierenden Sohn Ludwig I. die spanische Krone angetragen. Der Plan einer „Iberischen Union" scheiterte jedoch auch daran, daß die portugiesische Seite zu große Vorbehalte gegenüber dem „großen" Nachbarn hegte, der 1580–1640 das Land schon einmal besetzt gehalten hatte.

Das letzte Jahrzehnt des 19. Jahrhunderts erlebte einen steten Zuwachs der republikanischen Bewegung, die öffentlich die Abschaffung der Monarchie forderte. Die Republikanische Partei war bereits 1880 gegründet worden; Zulauf erhielt sie aufgrund der Unruhen in Spanien und Frankreich zu Beginn der 1870er Jahre und der Befürchtung, Portugal würde vollends zur Kolonie Englands oder zu einer spanischen Provinz verkommen. Geschickt okkupierten die Republikaner den intellektuellen Nationalismus und präsentierten sich als überzeugte Patrioten; 1880 feierten sie mit nationalistischem Pathos den 300. Todestag des Nationaldichters Luis de Camões.

Im Jahr 1891 ging von einer Garnison in Porto die erste republikanische Rebellion aus, die sich vor allem gegen den oligarchischen *rotativismo* wandte. Republikanisch-politisches (Selbst-)Bewußtsein keimte vor allem bei Lehrern, Journalisten, Künstlern und Kleinhändlern sowie dem entstehenden Industrieproletariat und in der Armee auf; diese Gruppen fühlten sich besonders von den Idealen der Republikaner – etwa allgemeines Wahlrecht, Trennung von Staat und Kirche, umfassende Bildungsreform, politische Freiheit und Gleichheit, Vereinigungs- und Streikrecht, Eliminierung der indirekten Steuern – angezogen. Vorerst waren der Expansion des Republikanismus aber Grenzen gesetzt: Die Zensur verhinderte eine Ausbreitung des republikanischen Gedankenguts, die Anführer der Bewegung wurden des Anarchismus bezichtigt und ins Exil getrieben. Teile der republikanischen Bewegung mußten in den Untergrund abtauchen; die Geheimgesellschaft *Carbonária* mit ihrem nationalistischen Radikalismus, der sich aus Antiklerikalismus und Antimonarchismus speiste, gewann in der unteren Mittelschicht der Städte zunehmend an Einfluß.

1906 gelang es keiner der angetretenen Parteien mehr, eine parlamentarische Mehrheit zu erlangen. Korruptionsvorwürfe und gegenseitige Blockierungen machten es unmöglich, eine kontinuierliche Regierungsarbeit durchzuführen. Im Mai 1907 kam es zu einem regelrechten Politikstillstand. Daraufhin löste König Karl I. die Cortes auf und stattete João Franco Castelo Branco, einen abtrünnigen „Regenerationisten", der von ihm schon 1906 mit der Regierungsbildung beauftragt worden und an dieser Aufgabe vorerst gescheitert war, da ihm die Bildung einer „liberalen Konzentration" mit den Progressiven mißlang, mit diktatorischen Vollmachten aus. Als bekannt wurde, daß die königliche Familie der Regierung beträchtliche Geldsummen schuldete, und allenthalben der Vorwurf der Verschwendung erhoben wurde, führte das zum endgültigen Bruch vieler längst wankelmütiger Royalisten mit dem Königshaus. Im Januar 1908 rotteten sich Republikaner und eine Reihe von Monarchisten zu einer (erfolglosen) Rebellion gegen die Diktatur zusammen. Die Rebellen unter Anführung von José de Alpoim wurden gefangengesetzt, obwohl mittlerweile erhebliche Teile des lange Zeit loyalen Militärs republikanisch eingestellt waren. Wenige Tage später, am

1. Februar 1908, verübten Republikaner ein Attentat auf König Karl I. und dessen Sohn und Thronfolger, Prinz Luís Filipe, bei dem beide ums Leben kamen. Der jüngere Sohn, Manuel, der bei dem Attentat nur leicht verwundet worden war, wurde als nur Achtzehnjähriger neuer portugiesischer König. Die Hintergründe des Attentats blieben im unklaren. Es ist allerdings davon auszugehen, daß die Königsmörder aus Eigenantrieb handelten und ihre Tat nicht mit der republikanischen Partei zuvor abgestimmt hatten.

Manuel II., der noch zwei Jahre die Herrschaft ausüben sollte, entließ João Franco Castelo Branco; die Republikaner, die seit Beginn der 1880er Jahre zunehmend an Stimmen gewonnen hatten und immer zahlreicher in den Cortes vertreten waren, erhielten größere Freiheiten zugesprochen. 1908 gewannen sie die Wahlen zum Stadtparlament von Lissabon; außerdem profitierten sie ganz erheblich von der politischen Instabilität – König Manuel II. wechselte während seiner kurzen Herrschaft insgesamt siebenmal die Regierungsmannschaft aus –, was sich vor allem bei den landesweiten Wahlen im August 1910 bemerkbar machte. Damals nahmen sie neben Lissabon noch andere wichtige Regionen ein; der Sturz der Monarchie stand unmittelbar bevor.

8. Die Erste Republik (1910–1926)

Zu Beginn des 20. Jahrhunderts stellte Portugal gewissermaßen den „Idealtyp eines liberalen Nationalstaates“ (António Costa Pinto) dar; Staat und Nation stimmten weitgehend konfliktfrei überein. Die Regierungsform war die eines oligarchischen Parlamentarismus. Ökonomisch war das Land weit überwiegend agrarisch geprägt: 58 % der 2,5 Millionen berufstätigen Portugiesen (bei rund 5,5 Millionen Einwohnern 1911) waren in der Landwirtschaft tätig (1930: 55 %), 25 % in der Industrie, 17 % im Dienstleistungssektor (1930: 20 %). Das Urbanisierungsniveau war ausgesprochen niedrig, außer

Lissabon gab es keine Zentren städtisch-politischer Kultur. Noch 1930 lebten über vier Fünftel der Bevölkerung in Dörfern oder kleineren Städten. Portugal gehörte somit zum Ländertyp „mit frühem Parlamentarismus und später Industrialisierung" (Nicos P. Mouzelis).

Am 4. Oktober 1910 stürzte eine Militärrevolte die konstitutionelle Monarchie, der König ging nach England ins Exil. Am Morgen des 5. Oktober – bis heute Nationalfeiertag in Portugal – wurde die Republik ausgerufen. Die „Oktoberrevolution" von 1910 war im wesentlichen eine Lissaboner Revolte. Der Rest des Landes erfuhr telegraphisch von der Absetzung des Königs; die Armee verhielt sich überwiegend „neutral", d.h., sie wartete die Entwicklung der Ereignisse in Lissabon ab. Der Umsturz wurde von republikanischen Mitgliedern der Streitkräfte durchgeführt, Portugal wurde damit eine der ersten Republiken in Europa. Am Umsturz waren auch Mitglieder der Geheimloge *Carbonária Portuguesa* beteiligt. Einer der Ranghöchsten *carbonários* (wie die Geheimbundmitglieder genannt wurden) war der Marineoffizier António Machado Santos, der später als Gründer der Republik gefeiert wurde. Die alte Oligarchie in der Regierung wurde fortan durch eine radikale Mittelschichtselite ersetzt. Das neue System schuf nationale Symbole (Flagge, Hymne, staatsbürgerliche Liturgie mit eigenen Feiertagen etc.), eine eigene Währung (den *escudo* anstelle des *real*) und versuchte, durch Massenmobilisierung und schulische Sozialisierungsmaßnahmen die Unterstützung der Gesellschaft zu erlangen. Das republikanische Programm umfaßte allgemeines Stimmrecht, Antiklerikalismus und Nationalismus, Bekämpfung der (traditionellen) Abhängigkeit von England, Verteidigung des kolonialen Erbes.

Trotz ihrer numerischen Schwäche war es in erheblichem Maße die Arbeiterbewegung gewesen, die den Umsturz herbeigewünscht und -geführt hatte. Entsprechend groß waren ihre Ansprüche an das neue Regime, hatten die Republikaner im Vorfeld doch auch das Ende der kapitalistischen Ausbeutung sowie eine neue Wirtschafts- und Rechtsordnung in Aussicht gestellt. Als der Systemwechsel jedoch keine unmittelbaren Verbesserungen der Lohn-, Lebens- und Arbeitsbedingungen nach sich zog, schlug der anfängliche Enthusiasmus teils in Resignation, teils in Feindseligkeit um. Die Enttäuschung entlud sich in (seit Dezember 1910 legalisierten) Streiks; der Graben zwischen Arbeitern und Regierung wurde tiefer, als die Republikanische Nationalgarde und Wachtrupps Streikbrecher unterstützten.

Auf dem Land ging es den Agrarproletariern und Kleinbauern im Kampf um die Durchsetzung ihrer Interessen nicht besser. In den Jahren 1911/12 erreichte die Welle der Landarbeiterstreiks ihren Höhepunkt. Trotz der Pressionen von unten zeigte sich die republikanische Regierung unfähig (oder unwillens), die starren Agrarstrukturen durch eine Landreform und eine Neuregelung der Eigentumsverhältnisse aufzubrechen. Mangelnder Kooperationswille der Grundbesitzer und Machtlosigkeit der neuen Regierung verhinderten eine substantielle Veränderung der Landwirtschaftsverhältnisse (Wheeler 1978, S. 66).

Von größter Bedeutung war das Verhältnis der Revolution zur Kirche. Der während des Umsturzes in den Städten wütende Antiklerikalismus führte zur Ermordung von Priestern sowie zur Zerstörung von Klöstern; es kam zu Plünderungen und Gefängnisstürmereien. Die Provisorische Regierung unter Teófilo Braga sah sich sehr schnell genötigt, die Bevölkerung vor den Exzessen der Anarchie zu warnen und zur Ruhe aufzurufen.

Die überragende Stellung, die Kirche und kirchliche Organisationen im öffentlichen Leben Portugals einnahmen, läßt sich etwa daran erkennen, daß eine jesuitische Laienorganisation mit weit über einer Million Mitgliedern die landesweit zahlreichste Vereinigung Portugals war (Oliveira Marques 1998, S. 130). Viele Bildungsinstitutionen, Hospitäler und Zeitungen standen unter geistlicher Führung; unter Aristokraten und in Teilen der Mittelschicht gehörte es zum guten Ton, die Kinder in Klosterschulen zu schicken (die zumeist besser als die staatlichen Schulen waren).

Der Provisorischen Regierung war viel an einer kontrollierten Zurückdrängung des klerikalen Einflusses in der Gesellschaft gelegen. In den Städten ließ sie Propagandamaterial verteilen, in dem auf das enge Zusammenwirken zwischen Kirche und Monarchie, damit zugleich auf die Mitverantwortung der Kirche für den desolaten Zustand des Landes hingewiesen wurde. Finanzminister Afonso Costa (1871–1937) erließ bereits am 8. Oktober 1910 eine Reihe von Dekreten, durch die alle Orden aufgelöst und die Jesuiten des Landes verwiesen wurden; deren Eigentum ging an den Staat über. Religiöse Feiertage (außer dem Sonntag als Ruhetag) wurden abgeschafft, Weihnachten wurde in „Tag der Familie" umbenannt, das theologische Seminar der Universität Coimbra geschlossen. Die Schulausbildung sollte fortan ausschließlich in der Verantwortung des Staates liegen, ein Scheidungsrecht wurde eingeführt, Frauen und uneheliche Kinder erhielten mehr Rechte zugesprochen. Päpstliche Bullen konnten fortan nur noch mit Genehmigung der Regierung veröffentlicht werden.

Der Widerstand der Bischöfe ließ nicht auf sich warten. Noch im Dezember 1910 verfaßten sie einen Hirtenbrief und protestierten gegen die Entscheidungen der Regierung. Diese ließ sich in ihrer Politik allerdings nicht beirren und verkündete im April 1911 das Gesetz zur Trennung von Staat und Kirche. Während ein Teil, vor allem der ländlichen Bevölkerung im Norden des Landes, die antiklerikale Säkularisationspolitik ablehnte, scheint der weitaus größte Teil der Portugiesen die strikte Haltung der Regierung begrüßt zu haben.

Die Verfassung von 1911 etablierte ein parlamentarisches Mehrparteiensystem. Ausgearbeitet worden war die Magna Charta des portugiesischen Republikanismus von einer 226 Mann umfassenden Verfassunggebenden Versammlung (Frauen konnten nicht entsandt werden), die am 28. Mai 1911 gewählt worden war. Am stärksten vertreten in dieser Versammlung waren Ärzte und Offiziere, gefolgt von Anwälten und Beamten. Die soziale Zusammensetzung dieses ersten republikanischen Parlaments entsprach somit nicht der Vorstellung von der Republik als einem Phänomen der unteren Mittelschicht; die Abgeordneten – 88 allein waren Absolventen der Universität Coimbra – bildeten vielmehr eine Art „Establishment“ unter den Republikanern: jung, politisch ambitioniert, städtisch sozialisiert, überdurchschnittlich gebildet.

Zu den wichtigsten Debatten der Konstituante gehörte die Frage, ob ein parlamentarisches oder ein präsidentielles System eingeführt werden sollte. Auch unter dem noch lebendigen Eindruck der Diktatur von João Franco Castelo Branco (1907/08) entschieden sich die Verfassungsväter für eine schwache Exekutive; das Staatsoberhaupt sollte nicht mit besonderer Machtfülle ausgestattet werden. In Anlehnung an die Verfassung von 1822 wurde vor allem die Legislative gestärkt. An der Spitze des Staates stand ein vom Kongreß für vier Jahre gewählter Präsident, dessen Aufgaben – außer im Repräsentativen – vor allem in der Ernennung bzw. Entlassung der Minister bestand. Die Verfassung betonte die Rechte und Freiheiten der Bürger; sie trat für soziale Gleichheit durch Abschaffung von Geburtsprivilegien ein. Die portugiesische Republik wurde als laizistischer Staat definiert, alle Religionen waren gleichberechtigt.

Bei der Wahl des ersten Präsidenten unmittelbar nach Verabschiedung der Verfassung im August 1911 führten die mittlerweile entstandenen Bruchlinien innerhalb der Republikanischen Partei (PRP) zur Parteispaltung. Die radikal-republikanischen Abgeordneten unter Führung von Afonso Costa bestimmten Bernardino Machado zu ihrem Kandidaten, während die gemäßigt-konservativen Abgeordneten sich für den schon 71jährigen Manuel de Arriaga (1840–1917) entschieden, der schließlich auch gewählt wurde. Brito Camacho und António José de Almeida bildeten (an der Spitze der Konservativen) zusammen mit Teilen der radikalen Republikaner die *União Nacional Republicana*, die sich allerdings schon wenige Monate später weiter in die konservativeren Unionisten und die liberaleren Evolutionisten spaltete. Diese Zerfallstendenzen wiederum stärkten die Demokratische Partei, in welche die

Mehrheit der PRP-Mitglieder überwechselte und die auch zur politischen Heimat von Afonso Costa wurde.

Die Republikanische Partei, aus der somit sehr bald die Demokratische Partei hervorging, wurde zur ersten Massenpartei des liberalen Systems. Nur sie verfügte über eine stabile Wählerbasis und eine nationale Organisation. 1911 nahm die Republikanische Partei 97,9% der Parlamentssitze ein, 1913 – inzwischen handelte es sich um die Demokratische Partei – waren es 52,6% und 1915 wieder 65%. Trotz dieser parteipolitischen Dominanz charakterisierte Instabilität die gesamte republikanische Periode (Schwartzman 1989): Während ihrer 16 Jahre (1910–1926) wurden 44 Regierungen gebildet, sieben Parlamente und acht Staatspräsidenten gewählt, 20 Aufstände und Staatsstreiche durchgeführt; es kam zu über 150 Streiks, zu mehr als 300 Bombenexplosionen (nur in Lissabon!). Die Regierung bekam das Problem der marodierenden, teils halboffiziösen, teils auf Geheiß dubioser Hintermänner handelnder militanter Bürgerwehren nicht in den Griff. Wahlberechtigt in dieser Zeit waren maximal 14% der Bevölkerung; im Durchschnitt aller Republikjahre waren es 9,6%, wobei die Wahlbeteiligung bei rund 50% zu liegen pflegte.

Zwischen 1912 und 1917 waren Einparteikabinette der Demokratischen Partei die Regel, während es in der Nachkriegszeit zu mehr Koalitionsregierungen kam; der zunehmende Einfluß ökonomischer Interessengruppen sowie außerparlamentarischer Organisationen und die wachsende Zersplitterung des Parteiensystems waren wesentlich für die Instabilität der Regierung verantwortlich. Nach 1912 bildeten sich, wie ausgeführt, die Unions- und die Evolutionspartei heraus. Als Reaktion auf die anhaltende Säkularisierungspolitik entstand die korporativ-autoritäre „Katholische Zentrumspartei“. Vor allem in den frühen 20er Jahren nahm die politische Gewalt gefährlich zu; monarchistische Verschwörer („Skorpione“), die von Spanien aus unterstützt wurden, betrieben anhaltenden Widerstand gegen die Republik, das Parteiensystem unterlag – auch wegen verschiedener Linksabspaltungen der Demokratischen Partei – wachsender Zersplitterung. Zum Schutz der republikanischen Regierung mußte eine neue Polizeieinheit, die Republikanische Nationalgarde, geschaffen werden (Oliveira Marques 1978).

Der Erste Weltkrieg – in dem Portugal zuerst neutral blieb – führte zu einer weiteren Destabilisierung der innenpolitischen Verhältnisse. Zum Schutz der Kolonien hielten die Republikaner eine begrenzte Intervention in Afrika für erforderlich. Diese Planungen führten zur Spaltung der Streitkräfte; trotzdem verstärkte die Regierung das militärische Engagement. Mit ihrer Entscheidung zum Kriegseintritt isolierte sich die Demokratische Partei von allen anderen politischen Kräften, da weder Evolutionisten noch Unionisten die Intervention mittrugen. Ausbildungsstand und Ausrüstung der portugiesischen Armee ließen einen Kriegseinsatz höchst bedenklich erscheinen. 1916/17 waren bereits zwei Drittel der portugiesischen Armee im Ausland auf der Seite der Alliierten stationiert: 55000 Soldaten in Flandern, 45000 in den Kolonien; der Blutzoll (35000 Tote oder Verwundete) war sehr hoch. Zur Bekämpfung der Antikriegsunruhen verhängte die Regierung im Juli 1917 den Belagerungszustand und unterdrückte kurz darauf brutal einen Generalstreik.

Im Dezember 1917 – nachdem es zu Massenverhaftungen revolutionärer Syndikalisten gekommen war – führte der Staatsstreich von Sidónio Pais (1858–1918) zur vorübergehenden Eliminierung der Republik und Errichtung einer Diktatur, die bereits einige Merkmale der faschistischen Nachkriegsdiktaturen aufwies: Sidónio Pais versuchte ein plebiszitäres Präsidialregime durchzusetzen, er führte das allgemeine Stimmrecht ein und ließ sich zum Präsidenten wählen, er gründete eine eigene Nationalrepublikanische Partei, er unterdrückte die anderen politischen Gruppierungen und Gewerkschaften, er machte die radikalsten antiklerikalen Gesetze rückgängig (wofür er von der Kirche gefeiert wurde). Das Militär unterstützte ihn bis zu seiner Ermordung 1918. Pais verkündete eine Art messianischen Nationalismus, bei dem es um die Zusammenführung von Monarchisten und Konservativen gehen sollte.

Nach der Ermordung Sidónios kehrte das Land – trotz vorübergehender monarchistischer Putsche und Gegenputsche, Massenversammlungen und Demonstrationen – zur konstitutionellen Regierungsform zurück; die Wahlen von 1919 gewannen erneut die Demokraten, die Verfassung von 1911 wurde wieder in Kraft gesetzt. Der Sidónismus war allerdings Bezugspunkt der aufkommenden faschistischen Bewegungen der Nachkriegszeit, bis diese sich später auf das Vorbild Mussolinis beriefen. Die Versuche zur Gründung faschistischer Parteien gingen in den Folgejahren im *Integralismo Lusitano* (IL) auf, der 1914 unter starker Beeinflussung durch Maurras' *Action Française* ins Leben gerufen worden war. Der *Integralismo Lusitano*, dessen wichtigster Theoretiker António Sardinha (1888–1925) war, hatte sich während des Ersten Weltkrieges als politische Bewegung mit dem Ziel der Restauration einer korporativen, antiliberalen und traditionellen Monarchie konstituiert (Braga da Cruz 1987). Im weiteren Verlauf des 20. Jahrhunderts übte er großen Einfluß auf die politische Kultur Portugals aus und wurde zur Grundlage eines reaktionären Nationalismus.

1923 wurde der kurzlebige *Nacionalismo Lusitano* (NL) als faschistische Bewegung im Rahmen des parlamentarischen Systems gegründet; er übernahm das Modell der faschistischen Milizen, des paramilitärischen Stils und nationalistischer Parolen; sein politisches Programm war eher diffus, 1925 verschwand er wieder von der politischen Bühne. Wichtiger als der *Nacionalismo Lusitano* war der „Nationale Kreuzzug", eine nationalistische Liga, die in den letzten Jahren des liberalen Regimes eine pro-autoritäre Propagandakampagne durchführte, sich vom Parlamentarismus abwandte und an dem Militärputsch zum Sturz der Republik beteiligt war.

In der Krise der Nachkriegszeit erfuhr das Parteiensystem bei steigender Zersplitterung wichtige Veränderungen. 1919 gelang es den Konservativen, sich unter Führung der neuen Liberalen Partei vorübergehend zusammenzuschließen, so daß 1921 die Demokratische Partei, die unter ihren städtischen

Wählern ernsthafte Verluste erlitt, zum ersten Mal geschlagen werden konnte. Die Jahre 1919–1922 galten für Staat und Unternehmer als eine Phase der „roten Gefahr“: Die Aktivitäten der anarchosyndikalistischen Gewerkschaft erreichten einen Höhepunkt, eine Abspaltung der Gewerkschaft gründete die Kommunistische Partei (PCP), Streikwellen betrafen den staatlichen Dienstleistungssektor und den Handel, gewaltsame Auseinandersetzungen häuften sich. Auf der anderen Seite verstärkten die Unternehmerverbände ihre politischen Aktivitäten, die neue Rechte einigte sich unter Bruch mit der Monarchie, die kleineren konservativen Parteien durchliefen einen Radikalisierungsprozeß, der beim Sturz der Republik ein entscheidender Faktor werden sollte. Der Ruf nach dem Militär wurde zu einer Konstanten jener Nachkriegsjahre (Schwartzman 1989).

Zur politischen Instabilität der Republik gesellte sich – zugleich als Ursache und als Folge – die wirtschaftlich prekäre Situation des Landes. Der Regierung gelang es nicht, die finanzstarken Gruppen im Land zu halten und so der Kapitalflucht Einhalt zu gebieten. Nach wie vor war Portugals Wirtschaft stark agrarisch geprägt, wobei die Hauptexportgüter (Wein, Kork, Früchte) die Kosten der Importe allerdings nur zur Hälfte decken konnten. Die hohe Schuld der öffentlichen Hand, die größtenteils von der Monarchie geerbt worden war, wurde durch kriegsbedingte Zusatzausgaben weiter vergrößert.

Wirtschafts- und finanzpolitische Krisensymptome blieben allerdings nicht die einzigen Schwachstellen der Ersten Republik. Vielmehr ging der Niedergang der Demokratie eng mit dem Sympathieverlust der Demokratischen Partei in weiten Teilen der Bevölkerung einher. Nach dem politischen Abtreten des charismatischen Führers der Republikanischen Partei, Afonso Costa, der bis zu seinem selbstgewählten Pariser Exil die Partei nahezu beherrscht hatte, zerfiel diese in Zwietracht und Immobilität (Wheeler 1978, S. 256). Die politische Rechte bot in ihrer Zersplitterung keine oppositionelle Alternative. Viele enttäuschte Republikaner besannen sich daher auf reaktionäre Werte, was sich im wachsenden Zulauf antiliberaler Gruppierungen widerspiegelte.

Am 18. April 1925 unternahmen Offiziere erstmals einen Putschversuch, der jedoch am Widerstand einiger Einheiten und der personell verstärkten Republikanischen Nationalgarde scheiterte. Der nächste Militärputsch führte – ausgehend von Braga – am 28. Mai 1926 zum Sturz der Republik. Anführer des Putsches war der populäre General Manuel de Oliveira Gomes da Costa (1863–1929). Die letzte republikanische Regierung unter Premierminister António Maria da Silva kapitulierte kampflos (Gallagher 1983, S. 35). Die Putschisten erhielten von ideologisch und politisch äußerst unterschiedlichen Kräften Unterstützung: von konservativen Republikanern, sozial engagierten Katholiken, rechtsextremen Integralisten, revolutionären Faschisten. Entsprechend heterogen waren auch die Zielvorstellungen, die mit dem Putsch verbunden waren: Manche Republikaner wollten lediglich die ungeliebte Regierung ablösen, Royalisten erhofften sich eine Restauration der Monarchie, Militärs dachten an die Wiederherstellung von Ordnung, für viele andere repräsentierte die Armee den Willen der Nation und die Rettung aus dem Chaos der Republik (Opello 1985, S. 59). Juan Linz spricht in Zusammenhang mit dem Sturz der Demokratie von der Übernahme der Macht durch eine gut organisierte „nicht-loyale Opposition“ (Linz/Stepan 1978, S. 82). Daß die Faschisten letztlich eine untergeordnete Rolle spielten und sich trotz der Krise des Liberalismus in Portugal nicht zu einer großen Bewegung entfalten konnten, wird von António Costa Pinto damit erklärt, daß die portugiesische Gesellschaft damals erst am Beginn ihrer „Vermassung“ stand und politische Konkurrenten den verfügbaren politischen Raum schon ausfüllten; auch die Kirche und das Katholische Zentrum bildeten mächtige Hindernisse für die Faschisierung zumindest der intellektuellen Eliten (Costa Pinto 1992, 1994, 1995).

9. Salazarismus und Estado Novo

Nach dem Militärputsch vom 28. Mai 1926 wurde der Universitätsprofessor für Ökonomie António de Oliveira Salazar (1889–1970) aus Coimbra zum Finanzminister der Regierung des Kommandanten José Mendes Cabeçadas berufen. Da die Militärs seine Bedingungen nicht erfüllen konnten oder wollten – strenge Ausgabenkontrolle, drastische Verringerung der öffentlichen Ausgaben, Reduzierung der Staatsverschuldung, Mitspracherecht in allen Fragen der Finanzgesetzgebung –, verzichtete Salazar auf den Posten. Knapp zwei Jahre später ernannte General Oscar Carmona (1869–1951), der inzwischen Präsident geworden war, Salazar erneut zum Finanzminister (27. April 1928), nachdem der zwischenzeitliche Amtsinhaber Sinel de Cordes sich als unfähig erwiesen hatte, der Probleme Herr zu werden (Gallagher 1983, S. 15).

Durch seine drakonischen Maßnahmen verschaffte sich Salazar, der zum Zeitpunkt seiner Ernennung erst 38 Jahre alt war, sehr schnell völlige Kontrolle über die Wirtschafts- und Finanzpolitik der Regierung. Fortan hatte nicht mehr der Premierminister Oberst José Vicente de Freitas, sondern der Finanzminister das Sagen. Die Militärregierung mußte Salazars Bedingungen akzeptieren, da es ihr an ökonomischem Sachverstand mangelte und sie in dessen Politik die einzige Lösung der Finanzkrise sah, unter der das Land litt. In jenen Jahren entwickelte Salazar seine Lehre vom Vorrang des Haushaltsgleichgewichts sowie die Rechtfertigung des Korporativismus und des „starken Staates“. Seine Politik des Finanzausgleichs führte schnell zum Erfolg; da er außerdem die Unterstützung konservativer Militärs und Politiker genoß, errang er bald eine überragende Stellung in der Regierung. Ihm gelang ein Kompromiß zwischen den verschiedenen Strömungen innerhalb der portugiesischen Rechten; am 5. Juli 1932 wurde er zum Regierungschef ernannt. Das Amt des Ministerpräsidenten sollte er bis zu seinem Unfall 1968 innehaben. Die Diktatur Salazars entstand somit in den Jahren der Großen Depression nach 1929; später konsolidierte sie sich im Spanischen Bürgerkrieg (1936–1939), überlebte den Zweiten Weltkrieg (1939–1945) und überdauerte – seit 1968 mit Marcelo Caetano an der Spitze – noch mehr als ein Vierteljahrhundert, bis zur „Nelkenrevolution" von 1974.

Zwischen 1927 und 1933 gab es gegen die entstehende Diktatur eine Reihe von Revolten, die in einem Teil der Literatur als „Bürgerkriege" bezeichnet werden. Im Februar 1927 kam es in Porto und Lissabon, im April/Mai und August 1931 auf Madeira, den Azoren, in Guinea und in Lissabon zu größeren Unruhen von seiten des republikanischen Radikalismus, der in Verbindung mit der schwachen Arbeiterbewegung das Land gegen die Militärdiktatur und für die Erneuerung einer demokratischen Republik mobilisieren wollte. Nachdem es Salazar gelang, die wohlwollende Neutralität der Mittelschichten zu gewinnen, hatten die Revolten keinerlei Aussicht auf Erfolg. Die Arbeiterbewegung verfiel für längere Zeit in Lethargie, der Anarchosyndikalismus verlor seinen Einfluß in der Arbeiterschaft, die sich erst allmählich – vor allem nach dem Zweiten Weltkrieg – unter kommunistischem Einfluß neu formierte.

Der *Estado Novo* („Neuer Staat") – so nannte Salazar sein Regime – gab sich im Frühjahr 1933 eine neue, ganz auf den Regierungschef zugeschnittene Verfassung. Der von Universitätsprofessoren ausgearbeitete Verfassungstext wurde am 19. März 1933 einem Referendum unterworfen und trat am 11. April 1933 in Kraft. Von den rund vier Millionen Erwachsenen waren ca. 1,3 Millionen wahlberechtigt; die Zustimmung zur Verfassung war nahezu hundertprozentig. Während anfangs – auch wegen der manipulierten Volksabstimmung – durchaus von einer illegitimen Verfassung gesprochen werden kann, entfaltete sie im Laufe der Zeit normative Kraft. Oberste Verfassungsorgane waren der Präsident der Republik, die Nationalversammlung, die Regierung und die Gerichte; außerdem errichtete die Verfassung die Korporativkammer und den Staatsrat (Thomashausen 1981, S. 40–65; Briesemeister/Schönberger 1997, S. 181–186).

Der Präsident der Republik wurde für jeweils sieben Jahre (bis 1959) direkt gewählt; er ernannte und entließ den Ministerpräsidenten, konnte die Nationalversammlung auflösen, leitete die Außenpolitik. Dem Präsidenten war ein Staatsrat beigeordnet, der als Beratungsorgan fungierte. Obwohl die Verfassung rein formal ein Präsidialsystem festschrieb, lag die eigentliche Gewalt beim Ministerpräsidenten. Salazar brauchte auch nie Bedenken zu haben, ob er von Staatspräsident Carmona zum Ministerpräsidenten ernannt würde, nachdem er selbst den zu wählenden Präsidenten präsentierte. Der Regierungschef mußte alle Verfügungen des Präsidenten gegenzeichnen. Die Regierung erhielt außerdem eine eigene Gesetzgebungskompetenz. Eigentlich sollte die Exekutive Gesetzesverordnungen ohne parlamentarische Ermächtigung nur in Fällen erlassen, in denen das „öffentliche Interesse" dies erforderte; in der Verfassungswirklichkeit berief sich die Regierung immer häufiger auf die Ausnahmekompetenz und umging regelmäßig das grundsätzliche Erfordernis der Verordnungsermächtigung. Eine Kontrolle des Ministerpräsidenten konnte nur vom Präsidenten ausgeübt werden; deswegen spricht man in der Literatur von einem „doppelköpfigen Präsidentialismus" oder einer „bipolaren Exekutive" (Werner Kaltefleiter).

Die Befugnisse der Nationalversammlung waren stark beschränkt; dies entsprach den Vorstellungen Salazars, für den Herrschaft der Legislative gleichbedeutend mit Zerstörung des Staates durch eine Diktatur von Partei- und Partikularinteressen war. Letztlich war die Nationalversammlung nichts anderes als ein autoritär für Salazar vorgesehenes Hilfsorgan. An die Stelle des Parlaments sollte die zur korporativen Nation zusammengeschlossene Gesamtheit der Bürger treten; Grundlage der Herrschaft sollten die „natürlichen" Zusammenschlüsse der Bürger sein: Familien, Berufsstände, Kirche, Universitäten. Oberstes Vertretungsorgan der „Stände" war die Korporativkammer (*Camara Corporativa*), die allerdings keine politisch wirksamen Kompetenzen erhielt, sondern im wesentlichen ein Konsultativorgan blieb. Auf der untersten

Ebene dieses korporativen Systems erfolgte – örtlich und nach Berufszweigen getrennt – der Zusammenschluß der Arbeitnehmer in „Syndikaten“ und der Arbeitgeber in „Gremien“. Bei Fischerei und Landwirtschaft bestand Zwangsmitgliedschaft. Die *casas do povo* waren örtliche Einrichtungen, die eigentlich den Arbeitern Unterstützung angedeihen lassen sollten; allerdings wurden diese Institutionen zumeist sehr schnell von den lokalen Machthabern, etwa den Latifundisten, beherrscht, so daß den portugiesischen Arbeitern jegliche effiziente Interessenvertretung fehlte. (Das gleiche läßt sich für die Fischer sagen, für die *casas dos pescadores* eingerichtet wurden.) Auf der zweiten Ebene wurden die Syndikate und Gremien gleicher Sektoren zu „Bünden“ und gleicher Branchen zu „Föderationen“ zusammengeschlossen. Die höchste Ebene, auf der die gesamte Wirtschaft sich in „Korporationen“ zusammenschließen sollte, wurde erst lange nach dem Zweiten Weltkrieg – 1957 – schrittweise vollzogen.

Durch die Kontrolle des gesamten Korporativsystems „von oben“ wurde vor allem den Arbeitnehmern eine reale Beteiligung an den (wirtschafts-)politischen Entscheidungen verwehrt. Während diesen ihre traditionellen Kampfmittel – Streikrecht und Vereinigungsfreiheit – genommen wurden, konnte die Arbeitgeberseite ihre Eigenständigkeit wahren. Der Staat hatte das Recht und die Pflicht, die Wirtschafts- und Sozialordnung „von oben“ zu regulieren, für eine gerechte Einkommensverteilung zu sorgen, die Wirtschaft des Landes gegen Ausbeutung zu schützen. Hinter der korporativistischen Staatsidee stand die Absage an eine klassenkämpferische Gesellschaftskonzeption und die Vorstellung, liberale und soziale Errungenschaften in einem politisch konservativen System zusammenführen zu können.

Zu Beginn des *Estado Novo* ließ die Wirtschaftspolitik noch keine klaren Konturen erkennen; klar war nur, daß der Finanzminister ein Vetorecht bei allen Budgeterhöhungen der anderen Ministerien beanspruchte. Die ersten finanzpolitischen Maßnahmen deuteten allerdings bereits die „Finanzdiktatur“ an, die Salazar ausüben würde. Noch 1929 führte er eine Kredit- und Steuerreform durch, 1930 eine Reform des öffentlichen Rechnungswesens. Die staatlichen Sparmaßnahmen verlangten der Stadtbevölkerung große Opfer ab und führten vorerst zu einer Wirtschaftsrezession. Das „Gesetz über die Ökonomische Rekonstituierung" von 1935 war der Versuch einer langfristigen Wirtschaftsplanung; die Industriepolitik der folgenden Jahre wies stark interventionistische Züge auf. Die neuere Forschung charakterisiert die wirtschaftliche Entwicklung Portugals während der ersten zwanzig Jahre des *Estado Novo* als „Kampf zwischen den Vertretern ländlich-bäuerlicher Interessen einerseits und der Industrie andererseits" (José Maria Brandão de Brito). Im Zweiten Weltkrieg wurde die Ökonomie immer mehr zu einer gelenkten Wirtschaft; die Regierung kontrollierte und regulierte den Außenhandel, rationierte Produkte wie Brennstoffe und Nahrungsmittel, beschleunigte die industrielle Entwicklung. Interventionismus und Industrialisierung waren die herausragenden Charakteristika der portugiesischen Wirtschaft in den Kriegsjahren.

Allerdings blieb aufgrund des stagnierenden Industriewachstums der Arbeiteranteil an der Bevölkerung gering. Noch 1940 machten die in der Industrie Beschäftigten gerade einmal 20% der gesamten Arbeiterbevölkerung aus. Lediglich in Lissabon und im Gürtel nördlich und südlich des Tejo gab es eine Konzentration des Industrieproletariats; ansonsten kann man allenfalls von „Industrie-Inseln" sprechen: Wollindustrie gab es in der Gegend von Covilha, Glas in Marinha Grande/Vieira de Leiria, Papier und Textilien in Tomar, Metallverarbeitung in Tramagal/Entroncamento, Konserven und Kork in einigen Orten der Algarve.

Gewissermaßen als Ausführung der Verfassungsbestimmungen im Arbeitsbereich wurde im September 1933 das „Nationale Arbeitsstatut" erlassen, das ein Recht auf Arbeit und angemessenen Lohn, feste Arbeitszeitregelungen und einen bezahlten Jahresurlaub festlegte. Salazar berief sich immer wieder auf die kirchliche Soziallehre, insbesondere auf die Enzyklika *Quadragesimo anno* von Papst Pius XI. (1931); die korporativistische Ordnung sollte den Klassenkampf und den Verfall der Gesellschaft in auseinanderstrebende Interessen überwinden.

Die Verfassung definierte den neuen Staat als eine „einheitliche und korporative Republik“, deren Aufgabe darin bestand, die moralische Einheit und die Harmonisierung aller sozialen Interessen zu fördern. Die außereuropäischen Territorien – in Afrika, Indien, China, Ozeanien – wurden zu „Überseeprovinzen“ erklärt, die als integraler Bestandteil des portugiesischen Staates untereinander und mit dem „Mutterland“ eine Solidargemeinschaft bildeten. Lange Zeit war das wichtigste Merkmal der portugiesischen Außenpolitik die Verteidigung des kolonialen Erbes, besonders in Afrika. Hier spielten Angola an der Westküste (mit 1,2 Mio qkm) und Mozambique an der Ostküste (mit 738 000 qkm) die bedeutendsten Rollen. Seit Mitte der 1890er Jahre hatte Portugal eine Reihe von „Befriedungsfeldzugen“ durchgeführt, die 1920 im wesentlichen abgeschlossen werden konnten. Die Kontrolle über das Kolonialgebiet blieb allerdings unsicher, da die Militärverwaltung nur unzureichend organisiert war. In jenen Jahren begann der portugiesische Staat – unter dem Druck der Völkerbundsforderung nach „Zivilisierung“ der eingeborenen Völker – mit einer Entwicklungs- und Modernisierungspolitik in den Kolonien, vor allem in Angola, die allerdings wegen fehlender Finanzmittel, einer galoppierenden Inflation und hoher Auslandsschulden bald scheiterte. Die Krise des Imperialismus führte zu nationalistischen Äußerungen führender Politiker, die von der Unantastbarkeit des Kolonialreiches und der „historischen Mission“ Portugals als Kolonialmacht sprachen. Das Kolonialreich galt als „heilig“ und wurde zu einem zentralen Bestandteil der nationalen Identität (Clarence-Smith 1985, S. 146–192).

Die Militärdiktatur von 1926 stärkte durch verschiedene Rechtsordnungen die Kontrollfunktion des „Mutterlandes“. Der *Estado Novo* setzte den Staatsapparat sodann in den Dienst der Errichtung des Kolonialreiches. Im *Acto Colonial* vom 8. Juli 1930, der Verfassungsrecht für die Kolonien war, hieß es: „Es ist das Wesen der portugiesischen Nation, ihre historische Aufgabe zu erfüllen und Gebiete in Übersee zu besitzen, zu kolonialisieren und die dort lebenden Eingeborenen zu zivilisieren." Mit dieser Formel, die das Geschichtsverständnis und portugiesische Sendungsbewußtsein zugleich zum Ausdruck bringt, wurde die Herrschaft über die „eingeborene" Bevölkerung ideologisch legitimiert; die Überlegenheit der westlichen Zivilisation verpflichtete zur Unterwerfung und Katholisierung nichtzivilisierter Völker.

Ökonomisch interpretiert, bestand der Sinn des „Kolonialpaktes" darin, daß die Kolonien der Industrie des „Mutterlandes" die nötigen Rohstoffe lieferten und die Kolonialmärkte portugiesischen Produkten vorbehielten. Trotz beständiger Versuche zur Regulierung des Kolonialmarktes (Einrichtung von Devisenfonds, Industrielenkung, Einführung von Organismen zur wirtschaftlichen Koordination) betrug der Handel mit den Kolonien in den 30er Jahren nie mehr als 15 %. Erst in den Weltkriegsjahren stiegen die portugiesischen Exporte in die Kolonien auf 20 %, Portugal wurde zum bedeutendsten Handelspartner von Angola und Mozambique (Vail/White 1980, S. 272–280; Rosas 1992, S. 239–250).

Die Verfassung sah zwar eine Trennung von Staat und Kirche vor, bezeichnete aber zugleich das römisch-katholische Bekenntnis als traditionelle Konfession der portugiesischen Nation. Glaubensfreiheit und freie Religionsausübung waren garantiert, wenn auch die rechtliche Gleichstellung von nichtkatholischen Religionsgemeinschaften eingeschränkt blieb. Anfangs bestanden enge Beziehungen zwischen Staat und Kirche, zahlreiche Katholiken stiegen in wichtige politische Ämter auf. Da die Kirche von Salazar jedoch nicht als juristische Person anerkannt wurde, kam es zum Konflikt, der erst 1940 mit der Unterzeichnung des Konkordates gelöst werden konnte. Das Konkordat und ein besonderes Missionsabkommen für die „überseeischen Gebiete" in Afrika und Asien verpflichteten die staatlichen Schulen zum Unterricht in katholischer Religion und Sittenlehre. Damals wurde ein Teil des 1910 enteigneten kirchlichen Eigentums vom Staat zurückerstattet, Kirchen und Priesterseminaren wurde Abgabenbefreiung gewährt, Diözesen und Missionsvereinigungen in Übersee erhielten Unterstützung.

Entsprechend der kirchlichen Funktion im salazaristischen System ist die Langlebigkeit des *Estado Novo* auch mit der stabilisierenden Rolle der Kirche erklärt worden. Die neuere Forschung weist allerdings relativierend darauf hin, daß die katholische Kirche darum bemüht war, das Regime nach ihren Vorstellungen zu formen, wodurch es immer wieder zu Konflikten zwischen Kirche und Staat und einem schleichenden Entfremdungsprozeß zwischen beiden kam (Braga da Cruz 1980). Im Gegenzug zu den vielen Privilegien für die Kirche im salazaristischen Staat verpflichtete sich der Vatikan, die Namen designierter Bischöfe vor ihrer Ernennung der Regierung zur Prüfung im Hinblick auf „politische Unbedenklichkeit" mitzuteilen.

Salazar war ein herausragendes Mitglied der Katholischen Zentrumspartei und als solches überzeugter Katholik; er eröffnete der Kirche die Möglichkeit, ihre Zwecke in der Religions- und Sozialpolitik zu verwirklichen. Während die katholischen Eliten laizistischen Bemühungen entgegentraten und die Auseinandersetzung mit totalitären Systemen führten, entschied sich das System für Korporativismus, gab der Erziehungspolitik eine christliche Ausrichtung und eröffnete neue Perspektiven für die Missionierung in Übersee. Den Korporativismus betrachteten die katholischen Führer als dritten Weg neben dem revolutionären Kollektivismus kommunistischer Prägung und dem Individualismus des liberalen Kapitalismus.

Während der 30er Jahre setzte Salazar die Abkehr von der liberal-parlamentarischen Regierungsform durch. Eine faschistische Zuspitzung des Regimes erfolgte durch die politische Polizei und paramilitärische Milizen ebenso wie durch „nationale" Propaganda, die Korporativierung der Gewerkschaften und der wichtigsten Wirtschaftsaktivitäten sowie das Bemühen um Autarkie; diese wurde nicht nur als Wirtschaftsstrategie, sondern zugleich als Maßnahme der Außen- und Innenpolitik verstanden, nämlich als Abwendung von Europa und Hinwendung zum Atlantik und zum Kolonialreich.

Der Salazarismus verfügte über drei Massenorganisationen: die 1930 bereits gegründete *União Nacional* als Einheitspartei, die 1936 ins Leben gerufene *Legião Portuguesa* als paramilitärische Freiwilligenmiliz und die ebenfalls seit 1936 bestehende *Mocidade Portuguesa* als Staatsjugend. Die „Nationale Union" sollte ein Parteiersatz, eine „Bewegung" nach dem Vorbild Italiens sein. Die Einheitspartei erhielt allerdings nie denselben Stellenwert wie die faschistische Partei in Italien oder die NSDAP im nationalsozialistischen Deutschland; sie hatte als Partei nie die Macht inne. Eine Hauptaufgabe der Partei bestand darin, die lokalen Oligarchien, die noch in den Strukturen der alten konstitutionellen Monarchie oder der klientelistischen Republik lebten, in das neue System einzubinden (Braga da Cruz 1988). Die „Portugiesische Legion" hatte die Aufgabe, als „patriotischer Verband" von Freiwilligen den moralischen Widerstand der Nation zu organisieren und gegen die Feinde des Vaterlandes zu kämpfen. Und die „Portugiesische Jugend", die nach dem Vorbild der Hitlerjugend konzipiert war, diente der außerschulischen Jugendbetreuung und Kaderbildung, der Disziplinierung der Heranwachsenden im Sinne der Pädagogik des Neuen Staates sowie der Kontrolle der Familien.

Bei der Diskussion um die faschistischen Elemente des Salazarismus wird in der historischen Literatur immer wieder auf die Jahre zwischen 1936 und dem Beginn des Zweiten Weltkrieges Bezug genommen, da in diesen Jahren eine Faschisierung des Regimes festzustellen war. Die Forschung verweist in diesem Zusammenhang stets auf die Entwicklungen im benachbarten Spanien seit dem Wahlsieg der Volksfrontregierung 1936. Solange der Sieg der Putschisten in Spanien nicht feststand, fühlte sich das Regime in Lissabon von der republikanischen Volksfront bedroht. Mit Ausbruch des Spanischen Bürgerkrieges war deswegen eine veränderte Haltung des Regimes gegenüber der Opposition und der extremen Rechten zu beobachten: Während einerseits Anarchisten und Kommunisten sich verschärfter Repression ausgesetzt sahen, erfolgte andererseits die Gründung der *Legião Portuguesa* und der

Mocidade Portuguesa, uniformierter Miliz- und Jugendverbände zur Steuerung der faschistischen Elemente auf Seiten des Regimes. Heute gilt es als erwiesen, daß diese Faschisierung nur eine zeitlich begrenzte Reaktion auf die Ereignisse im Nachbarland war. Spätestens mit der Rückkehr der Freiwilligenverbände aus Spanien verloren die Milizeinheiten schnell wieder an Bedeutung; sie blieben aber im kollektiven Gedächtnis der Portugiesen als faschistisches Element des Regimes erhalten (Oliveira 1987).

Obwohl die demokratischen Parteien sich im *Estado Novo* selbst auflösten oder zerschlagen wurden und nur im Untergrund weiterbestehen beziehungsweise wiederaufgebaut werden konnten, veranstaltete das salazaristische Regime regelmäßig Wahlen und Abstimmungen; diese sollten den korporativistischen Institutionen Legitimität verschaffen. Die Verfassung von 1933 schrieb zwar die Gleichheit aller Bürger fest, das Wahlgesetz von 1934 schränkte allerdings das Wahlrecht erheblich ein. Vor allem Frauen wurden diskriminiert; Analphabetismus und ein bestimmter Steuersatz waren außerdem Voraussetzungen zur Ausübung des Wahlrechts. Die „Wahl“ war auch insofern eine Farce, als es nur eine Wahlliste gab, auf der lediglich Regierungsanhänger standen. Außerdem sorgten die durch ein Dekret 1933 eingeführte Pressezensur und die Einschränkung der Versammlungsfreiheit dafür, daß sämtliche Wahlen im Sinne des Regimes verliefen.

In der ersten Hälfte der 30er Jahre kam es auch zur Zerschlagung der oppositionellen Parteien und Gewerkschaften. Das Jahr 1934 bedeutete das Ende der Kommunistischen Partei und der anarchosyndikalistisch dominierten Gewerkschaftszentrale CGT. Die „organisierte“ Arbeiterschaft war keineswegs gut organisiert und bildete keinen ideologisch einheitlichen Block, wie lange Zeit irrtümlicherweise angenommen worden war. Selbst der Widerstand der Gewerkschaften gegen ihre Eingliederung in die korporativistischen Organisationen war – sofern sie nicht verboten wurden – relativ schwach (Patriarca 1995).

Erst relativ spät, ungefähr ab 1940, begann eine erneute Untergrundtätigkeit der Republikanischen und der Sozialistischen Partei. Während des Zweiten Weltkriegs, im Jahr 1943, entstand die „Bewegung Antifaschistischer Nationaler Einheit" (*Movimento de Unidade Nacional Antifascista*, MUNAF) als Sammelbecken für Regimegegner (Raby 1988).

Das Verhältnis Salazars zu den Militärs war nicht spannungsfrei, da er ihren Einfluß auf die Politik einschränkte, sie von seinen Reform- und Sparmaßnahmen nicht ausnahm, die Militärausgaben kürzte und eine Neuregelung des Beförderungswesens durchführte. 1933 schuf Salazar – nach dem Vorbild der deutschen Geheimen Staatspolizei (Gestapo) – die Staatsschutzpolizei *Policia de Vigilância e de Defesa do Estado* (PVDE), deren Zuständigkeit auch die Armee betraf und von dieser mißtrauisch beobachtet wurde. Diese Geheimpolizei – ein Werkzeug der politischen Justiz und Unterdrückung – umfaßte schließlich einen Apparat von 10000 Mitgliedern, sie verfügte über Sondergerichte und berüchtigte Spezialgefängnisse und baute im Laufe der Jahre ein umfangreiches Informanten- und Spitzelnetz auf; bald gelang ihr – nachdem sie auch über weitreichende Sondervollmachten verfügte – eine umfassende polizeistaatliche Überwachung des öffentlichen und privaten Lebens. 1945 wurde sie mit erweiterten Befugnissen in *Policia Internacional e de Defesa do Estado* (PIDE) umbenannt, ihre Arbeitsweise und Funktion änderten sich allerdings nicht.

Daß die PIDE in der portugiesischen Gesellschaft Angst und Schrecken hervorrief und als staatliches Terrorinstrument äußerst gefürchtet war, wurde außerhalb des Landes lange Zeit nicht wahrgenommen. Erst gegen Ende der 60er Jahre wurde einer breiteren Öffentlichkeit die zwielichtige Rolle von PIDE-Agenten etwa im Verlauf der Kolonialkriege bewußt. So soll der Tod von Amílcar Cabral, einem Unabhängigkeitskämpfer aus Guinea-Bissau, auf das Konto der PIDE gehen. In jenen Jahren übte PIDE-Chef Silva Pais großen Einfluß auf Salazar aus; er soll maßgeblich die Nachfolge Salazars nach dessen Schlaganfall 1968 bestimmt haben. Caetano benannte die Repressions- und Terrororganisation in *Direcção Geral da Seguridade* (DGS, „Generalleitung für Sicherheit") um. Aufgelöst wurde sie erst im Verlauf der Nelkenrevolution 1974.

Zusätzlich zu den bisher genannten Institutionen muß noch das „System der politischen Justiz" (Manuel Braga da Cruz) erwähnt werden, das für die Erhaltung des *Estado Novo* eine entscheidende Rolle spielte; ein komplexes Polizei-, Justiz- und Repressionssystem ermöglichte dem Salazarismus das Überleben und förderte ein Klima des Gehorsams, der Nichteinmischung und der Anpassung, das als mentale Disposition einer von Analphabetismus gekennzeichneten Bevölkerung eine wichtige Voraussetzung für die Durchsetzung autoritärer Politik war.

Aus dem Zweiten Weltkrieg konnte Portugal sich – trotz der engen Bindungen an England – heraushalten. Erst im August 1943 gewährte es den Briten, ein Jahr später den USA Marine- und Luftstützpunkte auf den Azoren. Nach dem Weltkrieg durchbrach das Land nur allmählich die internationale Isolierung. Immerhin hatte die Orientierung auf die USA Marshallplanhilfe und 1950 ein Militärstützpunkt- und Wirtschaftshilfeabkommen zur Folge; wegen seiner strategischen Bedeutung gehörte Portugal 1949 auch zu den Gründungsmitgliedern der NATO, 1955 konnte es der UNO beitreten.

Zu einer innenpolitischen Krise kam es, als bei den Präsidentschaftswahlen von 1958 der liberale Luftwaffengeneral Humberto Delgado als Oppositionskandidat gegen den farblosen Kandidaten des Regimes, Admiral Américo Deus Rodrigues Tomás (1894–1987), antrat und trotz massiver Wahlfälschungen 23,5 % der Stimmen erhielt. (1965 wurde Delgado, wahrscheinlich von der PIDE, ermordet.)

Nachdem Salazar 1968 verunglückt und regierungsunfähig geworden war, wurde er im Amt des Regierungschefs von Marcelo Caetano (1906–1980) abgelöst. Dieser regierte im Sinne des von ihm postulierten „Präsidentialismus des Ministerpräsidenten". In den folgenden Jahren versuchte er, eine Stabilisierung des Regimes durch zaghafte Reformen zu erreichen. Er lockerte die Zensur und ließ die gemäßigte bürgerliche Opposition in Form von „Wahlkommissionen" zu. Caetanos „Liberalisierungspolitik" war jedoch zum Scheitern verurteilt, da auch er nicht bereit war, die Grundstrukturen des autoritären Systems zu ändern. Vollends in die Krise geriet das Regime, als Anfang 1974 der Stellvertretende Generalstabschef General António de Spínola (1910–1996) das Buch „Portugal und die Zukunft" veröffentlichte, in dem er die Politik des Regimes hart kritisierte und die (unter Militärs weitverbreitete) Meinung vertrat, der Kolonialkrieg sei militärisch nicht zu gewinnen.

Portugal wies während des *Estado Novo* mit seiner autoritären Staatsstruktur nicht nur im politischen Bereich vormoderne Charakteristika auf; auch die Wirtschaft hatte – trotz gewaltiger Anstrengungen – gegenüber dem europäischen Durchschnitt einen deutlichen Entwicklungsrückstand zu beklagen. Bis zum Ende des Salazarismus behielt die Landwirtschaft ihr maßgebliches Gewicht in der Gesamtwirtschaft bei; das Rückgrat bildete der Anbau von Weizen, Oliven, Kork und Wein. Nach dem Zweiten Weltkrieg wurden Aufforstungsprojekte (Eukalyptuspflanzungen) durchgeführt, auf den Latifundien des Alentejo kam es zu einer partiellen Mechanisierung. Insgesamt wurde jedoch der Wandlungsprozeß der europäischen Landwirtschaft zuerst gar nicht, später nur behutsam und regional sehr ungleichmäßig nachvollzogen. Portugal blieb hinsichtlich der Arbeitsproduktivität, des landwirtschaftlichen Sozialprodukts, des Mechanisierungsgrades oder Düngemitteleinsatzes am Ende der europäischen Skala. Trotz der hohen Beschäftigungsquote im Agrarsektor war daher die Nahrungsmittelversorgung nicht gewährleistet, Agrarimporte blieben erforderlich.

Eine Industrialisierung setzte erst spät, in den 50er und 60er Jahren, und auch dann nur höchst unsystematisch ein. Die größte Bedeutung hatte die Textilindustrie; deutlich abgeschlagen folgten die Holz-, Kork-, Naturstein- und Nahrungsmittelindustrie. Eine Schwerindustrie (Chemie, Kraftfahrzeuge, Stahl, Werften) entwickelte sich nur allmählich.

Von der Betriebsstruktur her waren Klein- und Mittelbetriebe mit niedrigem Entwicklungsstand vorherrschend. Zugleich war der Konzentrationsgrad der Industrie ausgesprochen hoch: 1971 verfügten 0,4 % der Firmen über 53 % des Gesellschaftskapitals; dabei war der Einfluß einiger weniger bedeutender Familien beherrschend. Ab den 60er Jahren erfolgte ein massiver Zufluß ausländischen Kapitals, besonders aus den USA, Großbritannien und Deutschland. Die wenigen Industriestandorte konzentrierten sich auf die begrenzte Zone im Küstenbereich sowie auf die Großräume Lissabon und Porto.

Bei der Frage nach den Gründen für die späte und unzureichende Industrialisierung muß auf verschiedene Faktoren verwiesen werden: Die insgesamt geringe portugiesische Bevölkerung – deren Wachstum nach dem Zweiten Weltkrieg rückläufig war und die in den 60er Jahren infolge starker Auswanderung sogar zurückging – bildete keinen kapitalkräftigen, aufnahmefähigen Markt. (Zwischen 1961 und 1973 verließen etwa 1,4 Millionen Portugiesen ihr Land, um woanders Arbeit zu suchen.) Hinzu kam die historisch gewachsene Abhängigkeit von den industriellen Importen aus Großbritannien bei gleichzeitiger Absatzgarantie für die wichtigsten eigenen Agrarprodukte. Außerdem ist auf die mangelnde unternehmerische Initiative zu verweisen, die wiederum mit einer von den Idealen der Agrar- und Handelsbourgeoisie bestimmten Mentalität zusammenhing. Vor allem aber betont die Historiographie die unzulängliche Wirtschaftspolitik des Staates als Grund für den portugiesischen Entwicklungsrückstand.

Dem *Estado Novo* lag eine dezidiert nationalistische Wirtschaftsdoktrin zugrunde; er verfolgte das Ziel einer langsam-kontinuierlichen Entwicklung unter Verzicht auf ausländische Hilfe. Ein „stolzer Isolationismus" (*orgulhosamente sós*) lag dieser Haltung als Prinzip zugrunde. Aus der Sicht der Wirtschaftsordnung läßt sich von einer Mischung aus privatwirtschaftlichen Elementen und staatlichem Interventionismus sprechen. Dabei wurde die Rolle des Staates von Anfang an betont.

Seit dem Zweiten Weltkrieg erfolgte als Bestandteil einer grundsätzlichen Reformulierung der Wirtschaftspolitik eine Verstärkung des Interventionismus der Regierung, der es um eine Beschleunigung des Industrialisierungsprozesses und Anhebung des allgemeinen Lebensstandards ging. 1944 wurde das Gesetz über Elektrifizierung, 1945 das über industrielle Entwicklung und Reorganisation verabschiedet. Ziel dieser und weiterer Gesetze war die Förderung der Importsubstitution und neuer Wirtschaftsbereiche zum Schutz des Binnenmarktes. Nach dem Weltkrieg kam es auch zur Ausarbeitung eines mittelfristigen Entwicklungsplans, dem in den folgenden Jahrzehnten weitere folgen sollten. Der erste Entwicklungsplan (1953–1958) sah staatliche Großprojekte, Ausbau der Infrastruktur, Anhebung der Produktion und Konsumanreize vor; dem zweiten (1959–1964) ging es vor allem um Förderung der Industrialisierung. Der Interimsplan für 1965–1967 setzte sich die Exportförderung zum Ziel, der dritte Entwicklungsplan (1968–1973) machte wiederum die Industrialisierung zu seinem Schwerpunkt.

In den 60er Jahren erfolgten auch schrittweise der Abbau des überdimensionierten Verwaltungsapparats und eine vorsichtige Integration in die Weltwirtschaft: 1960 trat Portugal dem Internationalen Währungsfonds (IWF) bei, 1962 dem Allgemeinen Zoll- und Handelsabkommen (GATT); außerdem sollte ein „Wirtschaftsraum Portugal" geschaffen werden, der auch die überseeischen Besitzungen umfaßte. Trotz aller Bemühungen waren die Wirtschaftsmaßnahmen jedoch ungenügend, das Wachstum der nach wie vor dominierenden Landwirtschaft blieb mit maximal 1,5 % ausgesprochen schwach. Die durchschnittliche Wachstumsrate der Wirtschaft betrug in den 60er Jahren zwar hohe 7 % p.a., dies reichte aber für einen Abbau der regionalen Entwicklungsunterschiede und eine qualitative Anhebung des Lebensstandards der Gesamtbevölkerung nicht aus. Die letzte Phase des autoritären Regimes wurde sodann von wirtschaftlicher Instabilität geprägt. Dem Land machte vor allem die internationale Rezession im Gefolge der Ölkrise von 1973 zu schaffen, die in

Portugal zu hoher Arbeitslosigkeit, zu Inflation und Staatsdefizit führte.

Wesentliche Funktionen des Staates hatten sich während des *Estado Novo* entscheidend verändert: Aus der ursprünglichen Rahmenfunktion zur Gewährleistung wirtschaftlicher Abläufe war durch verstärkte Interventionen eine erdrückende Bürokratie geworden; die Schiedsrichterrolle im Sozialbereich war zu einer einseitigen Parteinahme für das Unternehmertum degeneriert; die Industrieprotektion hatte zur Vorherrschaft einer Wirtschaftsoligarchie bei gleichzeitiger Kontrolle des Bankwesens geführt. Da außerdem die Kolonialkriege seit Beginn der 60er Jahre Unsummen an Geld verschlangen, konnte von einem gesamtwirtschaftlichen Aufschwung keine Rede sein.

10. Kolonialfrage, „Nelkenrevolution" und Demokratie

Unter Historikern besteht kein Zweifel darüber, daß der eigentliche Hintergrund für den Sturz der Diktatur im April 1974 die aussichtslosen Kolonialkriege (und die Verschärfung der schweren Wirtschaftskrise nach dem Anstieg der Erdölpreise) waren. Keine politisch organisierte Bewegung hatte den Umsturz geplant; Planung und Ausführung des Putsches lagen vielmehr ausschließlich beim Militär, dessen Führer die Aussichtslosigkeit der Kolonialkriege erkannt hatten.

Nach dem Zweiten Weltkrieg hatten die Beziehungen mit den Kolonien zuerst einen positiven Verlauf genommen. Es kam zu einem Aufschwung des Exporthandels von Angola und Mozambique, im Falle Angolas kann man geradezu von einem Kaffeeboom sprechen. Eine Verfassungsrevision aus dem Jahr 1951 bedeutete das Ende des *Acto Colonial* und mit ihm der alten Reichsidee. Neu entwickelt wurde eine assimilatorische Konzeption, die das Konzept der Kolonien aufgab und diese zu „Überseeprovinzen" erklärte, die zusammen mit

Portugal eine gemeinsame Nation unter dem Begriff des *Lusotropicalismo* bildeten. Die neue Wirtschaftspolitik der 60er Jahre mit ihrem Ziel des „portugiesischen Einheitsmarktes" führte zu einem gewaltigen Wirtschaftswachstum Angolas und Mozambiques von jährlich 7 % im Jahrzehnt 1963–1973.

Anfang der 60er Jahre änderte sich das Verhältnis der Kolonien zu Portugal. 1960 hatte Belgisch-Kongo seine Unabhängigkeit errungen, in deren Gefolge es 1961 in Angola zu einem Aufstand kam, der sich zuerst nur gegen den Zwangsanbau von Baumwolle richtete, sich sodann aber zu einem Massaker an weißen Siedlern ausweitete und eine militärische Gegenoffensive Portugals provozierte. Obwohl eine Reihe von Gesetzesänderungen zur Stabilisierung der Situation erfolgte, die Staatsinvestitionen für zivile und militärische Zwecke erhöht wurden, ließen sich die begonnenen Guerrillakämpfe nicht mehr eindämmen. 1961 verlor Portugal auch seine Besitzungen in Indien. Nachdem Lissabon indische Forderungen nach Übergabe Portugiesisch-Indiens abgelehnt hatte, marschierten indische Truppen in die portugiesischen Enklaven Goa, Damão und Diu ein und nahmen sie ohne Widerstand ein. Portugal erkannte die Annexion allerdings erst 1974 an. 1963 begannen die Kämpfe in Guinea, 1964 in Mozambique; die Wirtschaftsbeziehungen zwischen den Kolonien und Portugal gingen deutlich zurück. Im Landesinneren führten die stets kritischere Situation in den Kolonien sowie die menschlichen Verluste und die finanziellen Kriegskosten zur Entfremdung wichtiger gesellschaftlicher Gruppen, vor allem der Kirche und der Streitkräfte, vom Regime.

Der Militärputsch („Nelkenrevolution") vom 25. April 1974 unter Führung der „Bewegung der Streitkräfte" (*Movimento das Forças Armadas*, MFA) begann mit der Rundfunkausstrahlung des Liedes *Grândola Vila Morena*, das die Putschisten als Erkennungszeichen zum Losschlagen vereinbart hatten. General Antonio de Spínola, ein eher konservativer Soldat, übernahm das ihm angetragene Präsidentenamt, wurde aber bereits nach wenigen Monaten von General Francisco da Costa Gomes im Amt des Staatspräsidenten abgelöst. In jenen sozialistisch geprägten, politisch eher chaotisch verlaufenden Monaten wurden die Kolonien in die Unabhängigkeit entlassen und damit die imperiale außenpolitische Position Portugals beendet. Für Guinea wurde schon im August 1974 im Abkommen von Algeciras die Unabhängigkeit festgeschrieben. Mozambique erlangte die Unabhängigkeit im September 1974, nachdem sich der portugiesische Staat verpflichtet hatte, die hohen Verbindlichkeiten für den Bau des Cabora-Bassa-Staudamms zu übernehmen. In São Tomé e Príncipe wurde im Juli 1975 eine Verfassunggebende Versammlung gewählt, die das Unabhängigkeitsprojekt ausarbeitete. Die Kapverdischen Inseln sagten sich von Guinea los und wurden von Portugal vor allem deshalb schnell in die Unabhängigkeit entlassen, weil die Kolonie als finanzielles Risiko und politischer Unruheherd betrachtet wurde. Am kompliziertesten verlief der Entkolonialisierungsprozeß in Angola, da dort verschiedene Unabhängigkeitsbewegungen und Volksgruppen miteinander konkurrierten und den Konflikt im Kontext des Kalten Krieges internationalisierten; die Unabhängigkeit wurde schließlich im November 1975 ausgerufen, der Bürgerkrieg zwischen den verschiedenen Bewegungen hielt aber an.

Für die portugiesischen Kolonien in Asien verlief der Dekolonisationsprozeß anders: Ost-Timor wurde 1975 von indonesischen Truppen besetzt und ein Jahr später annektiert. Der Unabhängigkeitskampf der Ost-Timorer hatte erst 1999 Erfolg: In einem schließlich zugelassenen Referendum sprachen sich 78,5 % der Bevölkerung für die Unabhängigkeit von Indonesien aus. Diese wurde allerdings erst nach Eingreifen von UNO-Schutztruppen zugestanden. Als letzte Kolonie wurde Ende 1999 die portugiesische Enklave Macao an die Volksrepublik China zurückgegeben.

Von Anfang an spielten in der Übergangsphase die Streitkräfte eine wichtige Rolle. Zeitweilig schien der revolutionäre Prozeß auch eine kommunistische Orientierung zu nehmen, und sämtliche Mitte- und Rechts-Parteien gaben sich in den ersten Jahren nach dem Sturz des korporativistisch-diktatorialen Regimes im Hinblick auf die linksgerichtete „Bewegung der Streitkräfte" ebenfalls ein eher „linkes" Gepräge. Die entstehende Parteienstruktur und die neuen Institutionen waren längere Zeit äußerst instabil; eine gefestigte Parteienstruktur konnte sich wegen der in der Zeit des *Estado Novo* unterbrochenen Traditionen des Parlamentarismus und der Parteiendemokratie vorerst nicht herausbilden, was auch die Unsicherheiten, die organisatorischen Schwierigkeiten und die starke Personenfixiertheit der großen Parteien in der Übergangszeit erklärt (Deubner 1982).

Am 25. April 1976 verabschiedete die erstmals aus freien, allgemeinen und gleichen Wahlen hervorgegangene Verfassunggebende Versammlung die neue Verfassung der „Zweiten Republik", die Portugal als „demokratischen Staat auf der Grundlage der Volksherrschaft" definierte und als Ziel des Staates proklamierte, „den Übergang zum Sozialismus [...] zu gewährleisten". Die Verfassung enthielt einen umfangreichen soziopolitischen Grundrechtsteil und die Verpflichtung auf eine sozialistische Wirtschaftsordnung (Thomashausen 1981). Bis Ende der 70er Jahre war das Parteiensystem zu keinen dauerhaften Mehrheiten fähig und immer neuen Spaltungen ausgesetzt. In den ersten Jahren beruhte das Regierungssystem primär auf einem extrakonstitutionellen „Pakt" zwischen den politischen Parteien und der „Bewegung der Streitkräfte", durch den der Revolutionsrat als oberstes Kontrollorgan eingesetzt wurde. Diese militärisch-revolutionäre Vormundschaft über die Parteiendemokratie begrenzte die Autonomie des sich etablierenden Parteiensystems. Deutliche Anzeichen für die Schwäche der parlamentarisch-parteistaatlichen Legitimität und die Verstärkung des Präsidentialismus – in dem semipräsidentiellen System kommt dem Staatspräsidenten eine politisch wichtige Funktion zu – waren die Präsidialregierungen von 1979 (mit parteilosen Premierministern) und die abnehmende Bedeutung der legislativen Tätigkeit des Parlaments.

Vor der „Nelkenrevolution" hatten eigentlich (illegal und regional) nur die Kommunistische Partei (*Partido Comunista Português*, PCP) und die Sozialistische Partei (*Partido Socialista*, PS) bestanden. Alle anderen Parteien formierten sich erst in der Revolutionszeit: die „Christdemokraten" (*Centro Democrático e Social*, CDS), die Sozialdemokraten (*Partido Social Democrata*, PSD), sehr viel später die Staatspräsident António dos Santos Ramalho Eanes nahestehende gemäßigte Erneuerungspartei (*Partido Renovador Democrático*, PRD), außerdem zahlreiche Splitterparteien und verschiedene Parteienbündnisse.

Die vorerst schwachen Parteien erhielten ein Jahr nach dem Umsturz eine erste Konsolidierung durch die Wahl zur Verfassunggebenden Versammlung; das unerwartet schlechte Abschneiden der Kommunisten (12,5 %) und das gute Ergebnis der Sozialisten (37,9 %) und der späteren Sozialdemokraten (26,4 %) ließen bald erkennen, daß Portugal sich in Richtung auf eine liberal-parlamentarische Demokratie entwickeln würde. Das ursprünglich radikale MFA-Programm wurde modifiziert und strebte nunmehr den Übergang zum Sozialismus in einer pluralistischen Demokratie an, was einer Absage an das orthodox-kommunistische Modell gleichkam.

Auf die ersten sechs „provisorischen" Regierungen – die nicht parlamentarisch abgesichert waren, sondern auf der Machtverteilung im MFA beruhten – folgte 1976 die erste verfassungsmäßige Regierung seit 50 Jahren; die Sozialistische Partei unter Mario Soares hatte die ersten Parlamentswahlen mit 35 % der abgegebenen Stimmen deutlich für sich entscheiden können. Soares' Regierungsprogramm zielte auf eine Konsolidierung der revolutionären Errungenschaften, zugleich aber auf westeuropäische Integration ab. 1978 mußte die Minderheitsregierung durch Mitglieder des „Demokratisch-Sozialen Zentrums" (CDS) erweitert werden, konnte jedoch ihren Sturz nach Meinungsverschiedenheiten über die Landwirtschaftspolitik nicht verhindern.

In der Folgezeit wechselten sich kurzlebige Regierungen (Maria de Lourdes Pintasilgo, Francisco Sá Carneiro, Francisco Pinto Balmesão) ab, bis Mitte 1983 Mario Soares nach dem parlamentarischen Wahlsieg seiner Partei erneut (in einer Koalitionsregierung mit den Sozialdemokraten) das Amt des Regierungschefs übernehmen konnte. Die Koalition zerbrach

1985, als der neue sozialdemokratische Parteichef Aníbal Cavaco Silva sich deutlich von Soares distanzierte. Neuwahlen im gleichen Jahr erbrachten eine erdrutschartige Niederlage der Sozialisten (von 36,3 % auf 20,8 %) und die Bildung einer sozialdemokratischen Minderheitsregierung unter Cavaco Silva, der 1987 völlig überraschend in einer personalistischen Wahl zum ersten Mal im nachrevolutionären Portugal eine absolute Mehrheit der Stimmen (50,2 %) erringen konnte.

Da 1986 im zweiten Wahlgang Mario Soares gegen seinen Konkurrenten Diego Freitas do Amaral (CDS) zum Nachfolger von Eanes in das Amt des Staatpräsidenten gewählt worden war, begann damit für Portugal eine Art „cohabitation" nach französischem Muster. Zugleich bedeuteten die Wahlen von 1987 einen epochalen Einschnitt in der Geschichte des demokratischen Portugal, denn zum ersten Mal wurde (trotz des geltenden Verhältniswahlrechts) die absolute Parlamentsmehrheit einer Partei erzielt; außerdem war die Zeit der instabilen Koalitions- und Minderheitsregierungen zu Ende, eine Phase politischer Stabilität begann; schließlich bedeutete dieser Wahlsieg der „Rechten" eine Art Bruch mit der linken Rhetorik und dem revolutionären Programm des Umsturzes von 1974 sowie ein Bekenntnis zu Pragmatismus und – im Rahmen der EG, der Portugal seit 1986 angehört – zu wirtschaftlich Realisierbarem.

Ab Anfang 1975 war die Struktur der Eigentumsverhältnisse teilweise durch Nationalisierungen, staatliche Verwaltung von Unternehmen, Landbesetzungen und Enteignungen von Großgrundbesitz sowie durch die Übernahme von Betrieben in Arbeiterselbstverwaltung verändert worden. Aufgrund von Gewerkschaftsforderungen beschloß der Revolutionsrat 1975 die Nationalisierung der Banken, der Versicherungsgesellschaften, des Transport-, Verkehrs- und Energiesektors sowie der Grundstoffindustrien. Bis Ende 1975 waren 226 Unternehmen mit ca. 157000 Beschäftigten direkt verstaatlicht worden. Weitere indirekte Verstaatlichungen von 380 Unternehmen hatten sich als Folge der Nationalisierung von Banken und Versicherungen ergeben. Die sozialen Reformen der Anfangszeit – Einführung von garantierten Mindestlöhnen, Ausbau des Gesundheits-, Sozial- und Erziehungswesens etc. – und die Folgekosten der Nationalisierungen hatten den Staatshaushalt schwer belastet und steigende Inflationsraten zur Folge gehabt.

Bereits die erste sozialistische Regierung leitete sodann 1976 eine strikte Austeritätspolitik ein, die von der folgenden konservativen Koalitionsregierung der *Aliança Democrática* fortgesetzt wurde: In der Periode 1980–1983 wurde die Agrarreform beendet, die Reallöhne wurden gedrückt, Arbeiterrechte zurückgenommen, das Kündigungsrecht liberalisiert; es begann die Reprivatisierung von Versicherungsbetrieben und einiger Industrien, enteignete Großgrund- und Fabrikbesitzer wurden entschädigt, die Agrarreform durch weitgehende Reprivatisierungsmaßnahmen zurückgenommen. Spätestens seit Beginn der 80er Jahre war es das Ziel der liberalen und konservativen Kräfte, alle sozialistischen Zielvorstellungen aus der Verfassung zu streichen und die Militärs als politisch mitbestimmenden Faktor auszuschalten. Mitte 1982 wurde schließlich, nach langen Verhandlungen zwischen der *Aliança Democrática* und der Sozialistischen Partei, eine Verfassungsrevision verabschiedet, die den Revolutionsrat auflöste und durch einen Staatsrat ersetzte, die präsidialen Befugnisse reduzierte und den Rückzug der Militärs in die Kasernen abschloß. Nach dem Rechtsruck in der portugiesischen Politik durch die Wahlen von 1987 standen die Privatisierung aller nach 1974 verstaatlichten Betriebe und die Verhinderung einer auch nur bescheidenen Agrarreform im Alentejo im Vordergrund der politischen Bemühungen. Ende 1988 konnte schließlich – mit den Stimmen der Sozialistischen Partei – die lange angestrebte Verfassungsrevision verabschiedet werden, die alle sozialistischen Elemente aus der Verfassung strich und das Verbot der Reprivatisierung verstaatlichter Betriebe aufhob. Die revidierte Verfassung stellt damit einen definitiven Abschied von den sozialistischen Idealen und Hoffnungen der „Nelkenrevolution“ dar. Seit dem EG-Beitritt (1986) und der liberalen Wirtschaftspolitik der Regierung Cavaco Silva hat das Vertrauen der Privatwirtschaft in das portugiesische System wieder deutlich zugenommen.

Die Jahre ab 1987 waren für Portugal eine Phase innenpolitischer Stabilität und wirtschaftlichen Aufschwungs. Das Land wurde großzügig durch die Europäische Gemeinschaft (EG) unterstützt, es erhielt bevorzugten Zugang zu den Strukturfonds und den EG-Sonderprogrammen. Zwischen 1989 und 1993 etwa belief sich die jährliche EG-Hilfe auf 3,5 Milliarden DM! Dank positiver Rahmenbedingungen, einer konsequent marktwirtschaftlichen Ausrichtung der Wirtschaftspolitik und der Liberalisierung des Arbeitsmarktes konnten Mitte der 90er Jahre die Maastrichter Konvergenzkriterien erfüllt werden. Mit António Guterres als Ministerpräsident und Jorge Sampaio als Staatspräsident erzielte das Land in den letzten Jahren ein hohes Wirtschaftswachstum, das auch auf eine dynamische Binnennachfrage zurückzuführen war. Hatte 1985 das portugiesische Durchschnittseinkommen nur 52,5 % des EG-Durchschnitts betragen, so war es bis 1998 auf knapp 70 % dieses Durchschnitts gestiegen. Die Arbeitsproduktivität liegt allerdings auch heute noch bei nur 60 % des EU-Durchschnitts, und das Land weist mit 25 % der Bevölkerung unter der Armutsgrenze die höchste Armutsrate in Europa auf. Auch das Bildungsniveau ist das bescheidenste in Europa. Als Hauptprobleme bestehen nach wie vor die (noch zunehmende) Einkommensschere bei geringer sozialer Absicherung, die Struktur der Arbeitslosigkeit – nämlich vor allem Jugend- und Langzeitarbeitslosigkeit –, die fehlende Wettbewerbsfähigkeit der Landwirtschaft und daraus abgeleitet eine hohe Landflucht sowie gewaltige Defizite im Bildungssystem.

In den 80er Jahren „normalisierte“ sich das Verhältnis Portugals zu seinen früheren Kolonien. Die ersten Initiativen zu einer verstärkten Kooperation der „lusophonen“ Staaten gehen auf das Jahr 1983 zurück; der Beginn einer Formalisierung der Beziehungen erfolgte allerdings erst 1989 mit der Gründung des „Internationalen Instituts für die portugiesische Sprache“ (*Instituto Internacional de Língua Portuguesa*, IILP). Bis zur Konstituierung der „Gemeinschaft Portugiesischsprachiger Staaten" (*Comunidade dos Países de Língua Portuguesa*, CPLP) vergingen sodann weitere sieben Jahre. 1996 wurde in Lissabon schließlich die CPLP gegründet; ihr gehören Angola, Brasilien, Cabo Verde, Guinea-Bissau, Mozambique, Portugal, São Tomé e Príncipe und neuerdings Ost-Timor an. Die mit dieser Gemeinschaft verfolgten Interessen bestehen vor allem in einer internationalen Aufwertung der portugiesischen Sprache und Kultur, in einer Verbesserung der „besonderen Beziehungen" zwischen Portugal und seinen ehemaligen Kolonien und in der Brückenfunktion zwischen verschiedenen regionalen Wirtschaftsräumen in Europa, Afrika und Südamerika. In den vergangenen Jahren hat sich ein Dialog auf vielen Ebenen der Politik und der Zivilgesellschaft entwickelt, wobei von Portugal jeweils das stärkste Engagement ausgeht. Allerdings ist der Vergemeinschaftungsprozeß noch nicht sehr weit fortgeschritten. Man kann eher von einer Diskrepanz zwischen anspruchsvoller Rhetorik und unbedeutenden Aktivitäten sprechen. Das Sekretariat der Gemeinschaft verfügt über einen nur äußerst bescheidenen Etat und über keinerlei supranationale Kompetenzen (Wöhlcke 2000).

Die Geschichte Portugals seit der Nelkenrevolution ist eine ausgesprochene Erfolgsgeschichte. Im Gegensatz zu Spanien erfolgte in Portugal 1974 ein klarer Bruch mit dem vorhergehenden Regime: Der von Teilen des Militärs getragene Umsturz begann als Offiziersrevolte und entwickelte sich schnell zu jener „Nelkenrevolution", deren Ergebnis nach einer turbulenten Phase – in der sich die Gefahr einer erneuten, diesmal linken Diktatur abzeichnete – ein demokratisches System war.

Die nachrevolutionäre Phase in Portugal läßt sich als ein Prozeß von der zeitweiligen Dominanz der Linken zur Stabilisierung der rechten Mitte kennzeichnen; die Parteienlandschaft änderte sich vor allem seit Ende der 70er Jahre, als sich eine Grundstruktur herausbildete, die eine dauerhafte Mehrheitsposition der Mitte- und Rechtsparteien erkennen ließ. Anfangs stand die Sozialistische Partei zwar programmatisch weit links; allerdings ließen sowohl ihr konstitutioneller und parlamentarischer Kurs als auch ihre klare Bindung an die westeuropäische Sozialdemokratie schnell erkennen, daß die Linksorientierung nicht eingelöst werden sollte. Daß die Sozialistische Partei sodann schon frühzeitig klare Wahlerfolge erzielte, läßt sich mit dem politischen Vakuum, das nach der Nelkenrevolution bestand, erklären; in diesem Vakuum trat nur die Kommunistische Partei als organisierte Kraft mit kohärenter politischer Ideologie an. Sehr schnell wurden die Sozialisten als einzige realistische Alternative zu den Kommunisten betrachtet; sie erhielten organisatorische, finanzielle und programmatische Hilfestellung von den Parteien der Sozialistischen Internationale, was ihren Vorsprung vor den anderen Parteien erklären dürfte.

Die Streitkräfte hatten in den letzten Jahren des Caetano-Regimes wegen der (nicht siegreich abzuschließenden) Kolonialkriege einen Radikalisierungsprozeß durchlaufen, der 1974 sodann ihre politische Protagonistenrolle zur Folge hatte. Zuerst als Bewegung und danach als Institution waren die *Forças Armadas* ein sichtbarer politischer Akteur des gesamten Prozesses. Die jahrelange Beibehaltung des „Revolutionsrates" als einer Institution mit Vetomacht beschränkte die Souveränität des Parlaments und führte zu einer komplexen Machtaufteilung zwischen Parlament, Präsident und Revolutionsrat.

Der Übergang in die Demokratie war zwar mit vielfältigen sozialen und wirtschaftlichen Brüchen verbunden; er führte aber nicht (wie im Nachbarland Spanien) zu einer strukturellen Veränderung der Beziehungen zwischen der Zentralregierung und den Regionen des Landes. Daß die politische Regionalismuskomponente neutralisiert werden konnte, hing wesentlich damit zusammen, daß das Land – bei allen sozioökonomischen und politischen Unterschieden, die es zwischen dem Norden und dem Süden gibt – auch im Bewußtsein seiner Bürger zu den ältesten und (im Hinblick auf Sprache und Kultur) homogensten Staatsnationen Westeuropas zählt. Zu Beginn des 21. Jahrhunderts hat Portugal seinen Platz in Europa gefunden und kann zuversichtlich in die Zukunft blicken.

Bibliographie

Kapitel 1–5

Birmingham, David: *A Concise History of Portugal.* Cambridge 1993

Böhm, Günter: *Los sefardíes en los dominios holandeses de América del Sur y del Caribe.* Frankfurt/M. 1992

Bottineau, Yves: *Le Portugal et sa vocation maritime. Histoire et Civilisation d'une Nation.* Paris 1977

Carabias Torres, Ana María (Hrsg.): *Las relaciones entre Portugal y Castilla en la época de los descubrimientos y la expansión colonial.* Salamanca 1994

C. M. Saunders, A. C. de: *A social history of black slaves and freedmen in Portugal 1441–1555.* Cambridge, London u. a. 1982

Diffie, Bailey W./George Winius: *Foundations of the Portuguese Empire, 1415–1580.* Minneapolis 1977

Fonseca, Luís Adão da/José Manuel Ruiz Asencio: *Corpus documental del tratado de Tordesillas.* Salamanca 1995

Hespanha, Antônio Manuel: *O Antigo Regime (1620–1807).* – José Mattoso, direcção: *História de Portugal. Volume IV.* Lisboa 1993

Livermore, H. V.: *A New History of Portugal.* Cambridge 1977

Magalhães Godinho, Vitorino: *Mito e mercadoria, utopia e prática de navegar. Séculos XIII–XVIII.* Lisboa 1990

Ders.: *L'Economie de L'Empire Portugais aux Xve et XVIe siècles.* Paris 1969

Mauro, Frédéric: *Portugal, O Brasil e o Atlântico 1570–1670.* 2 Bde. Lisboa 1989

Mendez da Luz, Francisco: *Reggimento da Casa da Índia. Manuscrito do siculo XVII esistente no Arguivo Geral de Simancas. Introdução e prefácio de Francisco Mendes da Luz.* Lisboa 1992

Oliveira Marques, A. H. de: *History of Portugal. 2 Bde.* New York 1972

Olmedo Bernal, Santiago: *El dominio del Atlántico en la baja Edad Media.* Salamanca 1995

Pietschmann, Horst: *Portugal – Amerika – Brasilien: Die kolonialen Ursprünge einer Kontinentalmacht,* in: Walther L. Bernecker/Horst Pietschmann/Rüdiger Zoller: Eine kleine Geschichte Brasiliens. Frankfurt 2000

Pohle, Jürgen: *Deutschland und die überseeische Expansion Portugals im 15. und 16. Jahrhundert.* Münster, Hamburg, London 2000

Rodrigues Ferreira, Maria Isabel: *Mitos e utopias na descoberta e construção do Mundo Atlântico.* Funchal 1999

Romero Magalhães, Joaquim: *No alvorecer da Modernidade (1480–1620).* – José Mattoso, direcção: História de Portugal, volume III. Lisboa 1993

Russell-Wood, A.J.R.: *A World on the Move: The Portuguese in Africa, Asia and America 1415–1808*. Manchester 1992

Saraiva, José Hermano: *História de Portugal*. Lisboa 1993

Shaw, L.M.E.: *The Anglo-Portuguese Alliance and the English Merchants in Portugal, 1654–1810*. Aldershot u.a. 1998

Subrahmanyam, Sanjay: *The Portuguese Empire in Asia 1500–1700. A political and economic history, 1500–1700*. London, New York 1993

Vasconcelos de Saldanha, António: *As Capitanias. O regime senhorial na expansão ultramarina portuguesa. Prefácio de Frédéric Mauro*. Funchal 1991

Veríssimo Serrão, Joaquim: *Portugal en el mundo*. Madrid 1992

Kapitel 6–10

Bernecker, Walther L. u.a.: *Eine kleine Geschichte Brasiliens*. Frankfurt am Main 2000

Birmingham, David: *A Concise History of Portugal*. Cambridge 1993

Braga da Cruz, Manuel: *As Origins da Democracia Cristã e o Salazarismo*. Lisboa 1980

Ders.: *O partido e o estado no salazarismo*. Lisboa 1988

Briesemeister, Dietrich/Axel Schönberger (Hrsg.): *Portugal heute. Politik, Wirtschaft, Kultur*. Frankfurt am Main 1997

Castro, Amando de: *O Pensamento Económico no Portugal Moderno*. Lisboa 1980

Clarence-Smith, Gervase: *The Third Portuguese Empire, 1875–1975*. Manchester 1985

Costa Pinto, António: *O Salazarismo e o Fascismo Europeu*. Lisboa 1992

Ders.: *Salazar's Dictatorship and European Fascism. Problems of Interpretation*. New York 1995

Ders. (Hrsg.): *Modern Portugal*. Palo Alto 1998

Croca Caeiro, Joaquim Manuel: *Os militares no poder*. Lisboa 1997

Deubner, Christian: *Spanien und Portugal: Der unsichere „Europäische Konsens"*. Baden-Baden 1982

Diccionario Enciclopédico da História de Portugal, 2 Bde. Lisboa 1985

Duffy, James: *Portugal in Africa*. Harmondsworth 1962

Gallagher, Tom: *Portugal: A Twentieth-Century Interpretation*. Manchester 1983

Golder, Marko/Manuel von Rahden: *Studien zur Zeitgeschichte Portugals*. Hamburg 1998

Graham, Lawrence S./Douglas L. Wheeler (Hrsg.): *In Search of Modern Portugal. The Revolution & Its Consequences*. Madison 1983

Hermano Saraiva, José: *História concisa de Portugal*. Lisboa 1992

Kayman, Martin: *Revolution and Counter-Revolution in Portugal*. London 1987

Linz, Juan J./Alfred Stepan (Hrsg.): *The Breakdown of Democratic Regimes*. Baltimore 1978
Lucena, Manuel de: *A evolução do sistema corporativo portugûes*. Bd. 1: *O Salazarismo*. Lisboa 1976
Marcade, Jacques: *Le Portugal au XXe siècle, 1910–1985*. Paris 1988
Medeiros, F.: *O pão político*. Lisboa 1987
Merten, Peter: *Anarchismus und Arbeiterkampf in Portugal*. Hamburg 1981
Mühll, Urs von der: *Die Unterentwicklung Portugals. Von der Weltmacht zur Halbkolonie Englands*. Frankfurt am Main 1978
Nataf, Daniel: *Democratization and Social Settlements. The Politics of Change in Contemporary Portugal*. New York 1995
Newitt, M.: *Portugal in Africa. The Last Hundred Years*. London 1981
Nogueira, Franco: *Salazar*. 6 Bde., Coimbra 1977–1985
Oliveira, César: *Portugal e a Segunda República de Espanha, 1931–1936*. Lisboa 1987
Oliveira Baptista, Fernando: *A Política Agrária do Estado Novo*. Porto 1993
Oliveira Marques, A. H. de: *História da Primeira República. As Estruturas de Base*. Lisboa 1978
Ders.: *Histoire du Portugal et de son empire colonial*. Paris 1998
Oliveira Ramos, Luis A. de: *O Porto e as Origens do Liberalismo*. Oporto 1979
Opello Jr., Walter: *Portugal's Political Development. A comparative approach*. Boulder 1985
Passos, Marcelino: *Der Niedergang des Faschismus in Portugal*. Marburg 1987
Patriarca, Fátima: *Processo de implantação e Lógica e Dinâmica de funcionamento do Corporativismo em Portugal. Os primeiros anos do Salazarismo; A questão social no Salazarismo: 1930–1947*. 2 Bde., Lisboa 1995
Payne, Stanley G.: *A History of Spain and Portugal*. 2 Bde. Madison 1973
Raby, Dawn Linda: *Fascism and Resistance in Portugal. Communists, liberals and military dissidents in the opposition to Salazar, 1941–1974*. Manchester 1988
Reis, Jaime: *O Atraso Económico Português numa Perspectiva Histórica*. Lisboa 1993
Rosas, Fernando: *Portugal entre a Paz e a Guerra, 1939–1945*. Lisboa 1990
Ders. (Hrsg.): *Portugal e o Estado Novo (1930–1960)*. Lisboa 1992
Ders. (Hrsg.): *Vom Ständestaat zur Demokratie. Portugal im zwanzigsten Jahrhundert*. München 1997
Schemann, Hans: „*...Wo das Land aufhört und das Meer beginnt ...*“ *Portugal und die Portugiesen*. Darmstadt 1993

Silva Lopes, José da: *A economia portuguesa desde 1960*. Lisboa 1996
Telo, António José: *Portugal na Segunda Guerra*. Lisboa 1987
Thomashausen, André: *Verfassung und Verfassungswirklichkeit im neuen Portugal*. Berlin 1981
Torre Gómez, Hipólito de la: *El Portugal de Salazar*. Madrid 1997
Vail, Leroy/Landeg White: *Capitalism and Colonialism in Mozambique*. London 1980
Wheeler, Douglas L.: *Republican Portugal. A Political History 1910–1926*. Madison/WI 1978
Wheeler, Douglas L.: *Historical Dictionary of Portugal*. London 1993
Wöhlcke, Manfred: *Die Gemeinschaft Portugiesischsprachiger Staaten und die EU*. In: Aus Politik und Zeitgeschichte B 29–30/2000, S. 14–21

Personenregister